激活国企

内创业方案

蔺雷 吴家喜 著

人民出版社

策划编辑:陈寒节

责任编辑:孟令堃

装帧设计:朱晓东

图书在版编目(CIP)数据

激活国企——内创业方案/蔺雷,吴家喜 著.—北京:
人民出版社,2019.8

ISBN 978-7-01-020668-4

Ⅰ.①激⋯   Ⅱ.①蔺⋯ ②吴⋯   Ⅲ.①国有企业-企
业改革-研究-中国   Ⅳ.①F279.241

中国版本图书馆 CIP 数据核字(2019)第 067370 号

激活国企

JIHUO GUOQI

——内创业方案

蔺   雷   吴家喜   著

人民出版社 出版发行

(100706   北京市东城区隆福寺街 99 号)

北京中科印刷有限公司印刷   新华书店经销

2019 年 8 月第 1 版   2019 年 8 月北京第 1 次印刷

开本:880 毫米×1230 毫米 1/32   印张:8.375

字数:134 千字

ISBN 978-7-01-020668-4   定价:59.00 元

邮购地址:100706   北京市东城区隆福寺街 99 号

人民东方图书销售中心   电话:(010)65250042   65289539

激活国企，从激活人开始

　　人永远是国企改革的原点。

　　改革开放 40 年来，国企改革一直是中国经济体制改革的难点，也是久盛不衰的热点。只要是成立时间稍长一点的国企，都经历了几次改革调整；只要是工作时间稍长一点的国企员工，都能多次感受到国企改革带来的冲击。不可否认，国企市场化改革确实取得了很大进展，并成长起来了一批有竞争力的国有企业，实现了国有资本的大幅增长。但必须看到,多次国企改革的关注点在于实物资本和财务资源的市场化配置,解决的大多在企业管理和制度规范问题,对于事关国企持续发展的核心资源——人力资本的重视程度却远远不够,对如何激发国有企业活力这个问题始终没有实现重大的突破。

习近平总书记指出,全面深化改革就是要激发市场蕴藏的活力,市场活力来自于人,特别是来自于企业家,来自于企业家精神;2018年10月召开的全国国有企业改革座谈会强调要充分认识增强微观市场主体活力的极端重要性,2018年年底召开中央经济工作会议也多次强调激发微观主体活力。这些要求对于当前的国企改革具有特别重要的指导意义。

众所周知,国有企业的首要职责是实现国有资产保值增值。然而,当前人们对国有资产保值增值的理解还停留在传统范畴,却忽略了最重要的资本——人力资本的保值增值。2018年诺贝尔经济学奖获得者罗默提出内生增长理论,其核心思想就是人力资本和创新是经济增长的重要源泉。随着市场经济的深入发展、全球化浪潮的兴起和移动智能时代的到来,人们的自我意识逐渐觉醒,每个人开始更加注重个体价值,每个人也有创造价值的更多舞台和机会。然而,长期以来许多国有企业员工存在"60分万岁"的心态,这种状态不但难以让国企人力资本增值,反而会大幅贬值。我们认为,在新的时代,如果一个组织没有广泛存在的企业家精神,没有团队员工朝着一个更大的梦想努力奋进,不论是民企还是国企都会陷入困境,逐渐衰亡。

那么有没有一个机制既能保障国企的利益,又能有效激发员工的活力,实现组织与个人的双赢呢? 内创业的出现使国企在国家利益和个人价值之间不仅找到了平衡点,而且共同放大了彼此的价值。李克强总理指出,双创是大企业特别是国有企业的兴盛之道。国企改革与内创业的融合,不仅有利于国有企业打破僵化的体制机制,解决内部员工的活力问题,还能在不对现有业务造成重大冲击的情况下增强国企的适应性和创新能力,为国企持续创新提供强大动力。

那么,如何认识新时代国有企业改革的逻辑? 如何寻找国有企业内创业突破口? 国有企业实施内创业需要哪些条件,具体落地有哪些步骤? 如何规避国企内创业的风险? 我们试图对这些问题进行回答。

本书定位为国企内创业综合指导书,它不同于一般的教科书或理论书,而是兼具理念引导性和实践操作性的一套方案,既有理论分析,又有策略方法。全书立足中国打造双创升级版和深化国企改革的大背景,分析国有企业发展困境和改革的基本逻辑,梳理总结内创业主要模式,解析国企内创业的困惑和难点,提出推进国企内创业的路径和方法,旨在

3

为国企领导者、员工把握和理解内创业提供更全面更具有操作性的指导。

具体来说,本书有以下几个要点:

——激活国企从激活人开始,是贯穿全书的主线。

我们认为,目前的国企改革只是部分解决了 1974 年诺贝尔经济学奖获得者哈耶克教授提出的市场效率问题,但没有解决创新鼻祖熊彼特教授关注的市场活力特别是微观主体——人的活力问题。唯有市场机制与创业机制双管齐下,以内创业为切入点,结合混合所有制改革,实现效率和活力的双重提升,才是新时代国企繁荣发展的新路。从这个意义看,内创业不只是一种国企改变管理方式的短期策略,更是一个以人为中心的企业发展新理念和事业拓展新模式。

——国企内创业具有特殊的四环生态。

我们认为,国企内创业既有一般企业内创业的共性特征,又有其特殊性。一般内创业是一个包含内创业团队、企业和外部环境的三环生态圈,而国企内创业又增加了国资制度和相应的管理约束条件,因此是一个四环生态圈。这使得国企内创业面临的变量更多、关系更复杂,在运营模式、治理机制、操作流程、风险控制等方面都要更加精准设计、稳健实施。

——国企内创业必须有高层强力支持和完善的托底制

度作为启动条件。

国企内部利益关系复杂，推行内创业这样的新事物面临的阻力更大。首先，要领导层高度认同，不仅是一把手，还需领导层其他成员对内创业的认同。即便领导层提出了内创业理念，如果缺乏相应配套措施，内创业仍然难以落地生根。其次，启动内创业需要通过提供托底制度让员工放下心理包袱大胆去尝试。最后，国企内创业一定要选准切入点、找到适合自己的内创业方向。

——国企内创业必须遵循"模式—人员—激励—治理—资源"五位一体的方法论。

首先是内创业模式选择，无论是成立新项目团队、建立创业孵化器、搭建互联网平台，还是实施创业基金制、全员创客制、创业大赛制、自由式创业，都要因企制宜，不可生搬硬套。其次是人员选择，国企的超稳结构导致人员的惰性更强、风险规避意识更大，国企人才转变为一个合格的内创业者，绝非一朝一夕之事，既要通过分类、辨别、审核"三层漏斗"筛选，也需加强创业理念、创业技能、心理建设和模拟考察的"四合一"培训。最后用活内外部资源、实施混合型激励、建立投资导向的治理机制对国企内创业极为关键——大量内创业的失败就是因为企业不知如何配置资源、不知怎样实施激励、不知如何恰当治理造成的。

——国企内创业更需要配套政策的引航。

创业有风险，内创业也不例外，由于认知不清、准备不足、政策不明、激励不够、把控不力等使得国企内创业面临许多不确定性。对于国企而言，内创业已经不是一般性的创业活动，而是国企改革和转型的新突破口，需要自上而下设计与自下而上实践相互结合、共同推动。政府支持国企内创业不是可有可无的选项，而是深化国企改革的必然要求，政府需要提供理念倡导、人才发展、财税支持、教育培训等全方位的政策供给。

四十载砥砺前行，新时代再启新篇。

如果说上一个四十年国企改革的关键词是效率，那么下一个四十年国企改革的主题将是活力。我们坚信，内创业的蓬勃兴起将为国有企业激发精神气、实现华丽转身提供难得一遇的机会窗口。我们期待，本书的出版能帮助更多国有企业把内创业理念转化为生动实践，最大限度释放企业家精神，为国企改革提供触手可及的指引，为国有企业成为世界级企业探索与时俱进的新路。

蒲雷　吴家喜

2019 年 1 月于北京

目　录

第一章
内创业:国企改革新突破口

国企 40 年改革基本实现了从计划管控向市场治理的转型,初步解决了资源的市场化配置问题,建立了现代企业制度的基本框架,但发展活力不足的问题仍然突出。唯有市场机制与创业机制双管齐下,用内创业最大限度地激发企业家精神,才是新时代国企改革新突破口与繁荣发展之路。

一波三折的改革历程

改革开放以来,中国经济改革的主题之一便是企业改革,而企业改革的核心是国企改革,这也是整个中国经济改革的关键。40 多年的国企改革犹如一波三折的巨浪,无论是早期的放权让利、承包制、股份制,还是现在的混合所有制,每一次都深深地改变着国企的命运和走向。回望国企不同寻常的改革历程,综合学术界和企业界的看法,大致可分为以下几个阶段:

第一阶段:"摸着石头过河"的改革探索期,主要是从 1978 年到 1992 年。

长时间的计划经济体制和以阶级斗争为纲的发展路线使我国当时的经济几乎处于崩溃的边缘。国有企业上缴的利润与国家对它的投资不相称,国家财力吃紧,生产资料和人民生活资料长期处于严重短缺状态。为了摆脱这种局面,所有制结构与国企改革成为解决当时短缺问题的必然选择。

十一届三中全会明确提出让地方和企业有更多的经营管理自主权。国企改革率先对国有企业进行扩权让利的改革试点,主要集中在两个方面,一是以计划经济为主,同时充分重视市场调节的辅助作用;二是扩大企业自主权,并且把企业经营好坏同职工的物质利益挂起钩来。但是,由于信息不对称,约束机制难以规范,出现了企业为扩大自销比例而压低计划指标、不完成调拨任务和财政上缴任务等问题,结果是形成了"内部人"控制,出现了"工资侵蚀利润"和行为短期化问题。

1982年中央推广实行工业经济责任制,旨在解决放权让利中暴露的问题,处理好国家和企业之间的分配关系,解决大锅饭问题,在硬化企业预算约束、强化企业内部管理等方面收到了成效。但是由于企业外部环境不平等、内部条件也千差万别,导致企业激励不足问题十分严重。1983－1984年先后又两次推出利改税,但结果仍不理想。

1984年10月召开的党的十二届三中全会明确国企改革的目标使企业真正成为相对独立的经济实体。改革的主要措施是实行厂长(经理)责任制,并在大多数国有企业实行承包经营责任制,对一些小型国有企业实行租赁经营,并在少数有条件的全民所有制大中型企业中开始了股份制改造和企业集团化的改革试点。到1987年年底,全国国有大中型企业普遍实行了承包制。同年,党的十三大报告肯定了股份制是企业财产的一种组织形式,试点可以继续实行。到1988年年底,全国共有3800家股份制企业,其中800家由国有企业改制而来,60家发行了股票,其余3000家原是集体企业。虽然承包制在当时取得了一定的成功,但是承包制的问题也逐渐暴露出来。1991年9月中央工作会议强调要转换企业经营机制。1992年后国务院就不再鼓励企业搞承包。

这一阶段,国企改革没有明确的方向和路线指引,除了有改革之前的一些教训外,没有其他可以借鉴的发展经验。通过不断的试探性改革寻求改革的正确方向和路径,在摸着石头过河的过程中逐步调整改革的方向。从放权让利到两权分离的承包责任制和转换经营机制,经历的都是"政策—实践—改进"的过程。被实践证明不好的政策,用新政策加以取代,如用两权分离取代放权让利;被实践证明有效或尚未证明的政策继续加以推进,如股份制试点、"拨改贷"等。通过这一阶段的改革,国有企业逐步适应商品化的经营环境,完成自身的企业化改造,解决了国有企业进入市场的问题。

第二阶段:"迈向现代企业"的制度变革期,这一时期主要是从 1992 年到 2003 年。

20 世纪 90 年代初,理论界和社会各界围绕计划与市场的争论愈演愈烈,姓"资"还是姓"社"的问题严重制约着国企改革。迅速崛起的个体经济、私营经济、外资经济,由于"名不正"而"言不顺",发展壮大的阻力越来越大。同时,经济短缺现象在 90 年代已经有了非常大的改善,如何突破国企的生存困境成为改革的主要动因,背后其实是企业制度变革问题。基于两权分离理论的承包经营责任制只承认国有企业的经营权,而不承认企业作为法人应该有的财产权。在这种情况下,国企生存发展状况不断恶化,企业制度变革成为必然要求。

1992 年年初,邓小平在视察南方期间发表了重要谈话,点破了"市场"与"计划"的关系,在全国实现了又一次思想解放,再次推动改革向前发展。1993 年 11 月,党的十四届三中全会把市场经济正式确定为经济体制改革的目标,明确国有企业改革的方向是"转换国有企业经营机制,建立现代企业制度",提出现代企业制度的典型特征是产权清晰、权责明确、政企分开、管理科学。1995年9月党的十四届五中全会指出,要着眼于搞好整个国有经济,通过存量资产流动和重组,对国有企业实施战略性改组。这种改组要以市场和产业政策为导向,搞好大的,放活小的,把优化国有资产分布结构、企业结构同优化投资结构有机结合起来,择优扶强、优胜劣汰。

1997年年底,在抓大方面,国家集中抓的1000家重点企业,确定了分类指导方案。在放小方面,不搞一刀切,采取改组、联合、兼并、股份合作、租赁、承包经营和出售等多种形式,把小企业直接推向市场,使一大批小企业机制得到转换,效益得到提高。一大批新型的民营企业从自身需要出发,参与国有企业改革。通过兼并、收购、投资控股、承包、租赁、委托经营等改革举措,将非公有制经济的管理理念和管理方式融入国有经济运行中,盘活了大量的国有资产。特别是党的十五大肯定股份合作制和提出调整所有制结构后,各地国有中小企业改革的步子加快,改制企业的比重迅速上升。

2002年11月,党的十六大决定确立了中央政府和地方政府分别代表国家履行出资人职责,享有所有者权益,权利、义务和责任相统一,管资产和管人、管事相结合的国有资产管理体制。关系国民经济命脉和国家安全的大型国有企业、基础设施和重要自然资源等,由中央政府代表国家履行出资人职责,其他国有资产由地方政府代表国家履行出资人职责。

这一时期的改革,引导国有企业确立了与市场经济要求相适应的资本和产权观念,建立了现代企业制度;推进国有经济布局与结构战略性调整,初步解决了国有经济部门如何适应市场竞争优胜劣汰的问题,改变了国有经济量大面广、经营质量良莠不齐和国家财政负担过重的局面。

第三阶段:"强化国资监管"的战略重组期,从 2003 年到 2012 年。

这一阶段的改革重点是国有资产管理体制改革,这是国企改革中的深层次改革,是利益的调整和权力的重新分配,涉及政治体制和政府机构改革,困难和阻力可想而知。改革的重要标志之一是设立国资委。2002 年 11 月,党的十六大报告中提出了深化国有体制改革的重大任务,明确要求中央和省、直辖市、自治区,两级政府设立国有资产管理机构,成立专门的国有资产管理机构,改变部门分割行使国有资产所有者职能。

2003 年 3 月,中央和地方国有资产监督管理委员会分别成立,统一了管人、管事和管资产的权力。此后党的十六届三中全会也提出,国资委成立后明确所管辖的大型国有企业要吸引外资和社会资金,实行产权多元化,可以上市募集资金,而且鼓励整体上市,以保持和增加企业的整体实力。许多大型企业开始剥离社会职能部分,过去一阶段是剥而不离,仍由企业自己管理。党的十六届三中全会以后,有的正逐步移交社会,在企业内部实行主辅分离,使各部门面向社会,成为独立经营的实体,企业同国资委分别签订责任书,对领导班子进行考核。

2005 年 4 月,国资委、证监会启动了股权分置改革试点工作,约 1000 家中央和地方国有控股的上市公司完成股权分置改革,实现国有股权全流通。随后几年,国资委先后针对业绩考核、产权转让、投资监管、产权登记、资产评估、境外国有产权监管等多方面出台了系列措施。开展了中央企业集团公司层面建立规范董事会和落实董事会职权试点,公开选聘中央企业高管人员,外派监事会实施监督检查,超过 60% 中央企业完成主业资产整体重组改制境内外上市。

这一时期国有资产监管体制取得了巨大突破,国有企业改革进入以国有资产管理体制改革推动国有企业改革的阶段,改革的主要任务是由国资委负责监督管理国有企业,实现国有资产保值增值目标,解决了以往的国有经济管理部门林立、机构臃肿、监管效率低下的问题。

第四阶段:"全面统筹推进"的深化改革期,从 2013 年到现在。

这一轮国企改革从十八届三中全会开始,会议通过的《中共中央关于全面深化改革若干重大问题的决定》明确指出:"坚持公有制主体地位,发挥国有经济主导作用;积极发展混合所有制经济;鼓励非公有制企业参与国有企业改革;以管资本为主加强国有资产监管。"这一轮改革的特征是"全面、深化"。"全面"体现在范围广,出台的方案多。"深化"主要是触及利益深,推动力度大。中央企业和地方国企改革都有所提速,部分重要领域混改、兼并重组、股份制改革等也在深入推进。随着 2015 年 9 月《关于全面深化国企改革的指导意见》出台,国资委职能转变步伐加快,明确了国资委以权力清单和责任清单为主要手段的授权管理方法,重点管好国有资本布局、规范资本运作、提高资本回报、维护资本安全;以混合所有制为主的国企改革加快突破,超过三分之二的中央企业已经或者正在引入各类社会资本，积极推进股权多元化。

但是，这一轮改革的难度极大，很多的改革措施并没有真正落实，很多硬骨头还没有啃下来。有些改革已进入深水区，有些还处于搁浅状态。

难以跳出的三大怪圈

1978 年至今，国企改革几乎成为最艰难的经济改革，每走一步都不可避免地出现"一收就死，一放就乱"的局面，似乎陷入了一个又一个怪圈。

首先是产权的怪圈。产权问题一直是国企改革的一个兴奋点，国企改革起步于扩大自主权，随着政府部门放权让利，国有企业形成了自身的财产权益，要求在法律上、政策上进一步确认和保障，由此产生了国有企业产权问题。两权分离、产权明晰、法人财产权等提法先后出现在中央的重大政策文件中。如果是国有独资企业，其单一的国有产权安排原本是清晰的。对大多数国有企业而言,建立现代企业制度,就意味着必须从单一的国有产权重组为多元产权结构。建立多元产权结构,就意味着可能存在显性的国有资产流失风险;但是不进行产权改革,国企整体积极性下降,就要面临隐性的国有资产流失。

目前推进的混合所有制改革就是探索多元产权结构的重要方式,在混改过程中也存在两大产权困境:**一方面是如何保护非公有制经济的产权?** 如果对产权没有严格的制度保障和法律保障,要真正激发民营企业家在一个不确定的市场中投资创业是难以办到的,混合所有制改革很可能变成国有资本的"独角戏",即便垄断行业放开,民营资本也未必敢进去。**另一方面是如何防止国资流失?** 在上一轮国有企业改革过程中出现了蚕食和侵吞国有资产的情况,引起市场较大关注并一度引发了社会各界大讨论。一些人将国有企业民营化改革视为"一顿瓜分国资的盛宴",并强烈要求"停止以民营化为导向的产权改革",一度使得国企改革停滞。对于本轮混合所有制改革,很多国企负责人和民企的老总都怕承担"贱卖和瓜分国有资产"的罪名。如果不能找到新的突破口,打消企业顾虑,混合所有制改革也难以推进。

其次是效率的怪圈。近年来，国企规模迅速壮大，2018年《财富》世界 500 强企业排行榜中，中国公司达到 120 家，其中国有企业 83 家。这些国企一般来说都处于产业上游的基础领域，资产规模和营业收入都很高。但如果按照衡量经营效率的重要指标——净资产收益率排列，许多民营企业远远高于国有企业。国企的效率问题，从体制角度来讲还是国有企业的委托代理问题，就是国企领导层在经营管理动机上与私营企业领导层相比，天然存在动机上的短板。除了上述原因外，国企体量庞大，资产规模大、组织人员多、组织层级多，这是管理上讲的先天劣势。然而，国企效率问题也面临两难选择。以决策效率为例，如果不缩短国企决策链条，势必对市场环境反应滞后，难以应对外部强大的市场竞争；如果强化集中决策，就可能面临决策风险增大的压力。此外，国企的"政策性负担"过重也加重了企业的运行成本，而在市场经济条件下，这些成本由隐性变成了显性，使得国有企业效率低下的表象更为明显。但是如果对国企剥离了"政策性负担"，国企的效益就可以改善，但国企承担社会公益的使命就难以体现。

最后是人员的怪圈。谁都知道人浮于事是国有企业效益不高的一大原因,但谁都懂得在现阶段不能允许国有企业任意裁员,为什么? 就是因为国有企业历来是个小社会,国企职工是国有企业的利益主体之一,这些利益确立和保障了国企职工主人翁的地位和社会成就感。当国企改革力图将国有企业改造成纯粹企业并将其推到市场之中,必然要对原有的利益及其结构进行调整,国企职工的一些既得利益必然受到相应程度的损害,这在客观上是无可避免的。当然,我们不能因此而不搞国企改革,但在主观上,国企改革完全而且应该充分考虑国企职工对改革的承受力和分享改革利益的问题,这对于促使国企职工拥护改革、参与改革具有重要意义。要做到这一点,就不能将国企职工撇在一边,不能一方面说国企改革不关国企职工的事,另一方面却要国企职工无条件地承担改革的成本和后果。否则,国企职工难免心存疑惑和不安,消极对待改革,甚至站在改革的对立面。

此外,国有企业缺乏有效的激励机制,经营管理层薪酬过低,特别是实施限薪令后,一些国企高管年薪从原来的几百万元下降到几十万元。而许多同行业的民营公司的经营管理者年薪都要超过百万元,甚至上千万元。现行国企薪酬和奖励制度大多针对年度经营绩效,必然导致管理者的短期行为,使创新投入和动力不足,甚至可能又出现"铁饭碗""大锅饭"倾向,严重影响员工积极性。企业很难落实用人自主权,容易出现"有用的人留不住、不合适的人推不走"的"逆淘汰"情况。

从市场机制到创业机制

如何突破国企改革的三大怪圈呢?很多人会说是市场化。没错,市场化改革肯定是大方向。这么多年国企改革包括目前的混合所有制改革,主要围绕产权制度和公司治理进行,也正是朝着市场化方向推进的。但是目前的市场化只是在一定程度上解决了哈耶克关心的资源配置效率问题,而没有解决市场经济的活力问题,特别是国有企业新资源新业务拓展和员工创新的积极性问题却始终没有很好地解决。熊彼特认为,市场经济长期活力的根本在于创新,而创新则来源于企业家精神,来源于企业家通过重新组织资源来开发新的产品,创造新的生产过程。特别是随着移动互联网的兴起和广泛应用,社会分工加速迭代,组织与人的关系从"雇佣关系"转变为"合伙关系",人的主导地位日益突出,企业家精神的激发开始成为组织的核心和运转主轴。

当前,国企的外部环境是企业自身无法左右和控制的,比如国有企业大的体制。不过,就内部而言,完全可以利用新机制激发企业家精神。从这个意义上说,国企改革的现实逻辑应该是激发企业家精神,更多地调动人的积极性,只要人的主观能动性得到激发,诸多困难都会克服。

那么,如何更好地激发国企内部的企业家精神呢? 20 世纪 80 年代开始,针对大企业科层制的僵化结构,带来了对外部环境和客户需求变化反应的迟钝、创新速度缓慢、内部活力不足及浪费严重等弊端,内创业理论和实践应运而生,并逐渐开始流行。内创业是在现有业务及组织体制下建立独立的新事业,并按初创公司模式进行管理和运行。如果说过去的市场化改革是将市场机制导入企业,提高资源配置效率,那么现在的内创业则是将创业机制植入企业,点燃内部的企业家精神,让每个员工心中的"小宇宙"爆发,以灵活的小微团队撬动国企转型。

创业机制并不与市场机制相冲突,而是国有企业市场化改革的有机组成部分,其中市场机制主要解决宏观层面的管理体制问题,重点在于资源配置的效率;创业机制主要解决微观主体的经营机制问题,重点在于企业员工的活力。在市场机制的大框架下建立有效的创业机制,对于缓解目前国企改革的困境,特别是在走出三大"怪圈"方面具有重要作用。

图1-1是国企改革的"市场机制+创业机制"示意图,表1-1对比了计划机制、市场机制和创业机制的内涵。

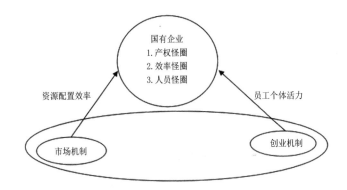

图1-1 国企改革的"市场机制+创业机制"示意图

表1-1 计划机制、市场机制和创业机制对比

类型	资源	产权	管理	重点
计划机制	按指令配置	单一	行政手段	产品
市场机制	按价格配置	多元	经济手段	客户
创业机制	价格配置资源+新资源创造	多元	经济手段	创业家

资料来源:作者编制(2018)。

17

一是内创业＋混合所有制可以通过增量方式绕开国有企业产权改革的困境。在现有政策框架下，很难对国有企业的存量资产进行大规模混改，否则总不可避免地会跟"国有资产流失"挂上边。同时，传统的混合所有制更多地通过资本市场兼并重组实现，这样的方式有利于快速扩张，但在员工产权激励方面确实还存在许多问题。在国企建立内创业机制，通过在新增业务领域实行混合所有制，创业者自己投入资金，适当引进外部战略投资者，形成"内部创业者＋母公司国企＋外部投资者"混合所有的产权结构，这样可以实现"一箭三雕"：既解决了内部员工的激励问题，又引入了新的外部资源，同时又减少了国有资产流失的风险。

二是内创业机制可以通过建立内外联动的方式缓解国企运营效率低、市场反应慢的问题。内创业对于国企经营管理至少有以下几方面的作用：一是盘活存量资源，可充分挖掘国企自身既有资源的潜力，进一步盘活包括人才、资产、技术、设备等在内的存量资源；二是引进增量资源，通过内创业可以引进集聚一批高端创新人才，也可以充分调动分散的社会闲置资源；三是及时响应市场需求，可以在国企内部建立更加灵活的创业团队，在现有业务之外开辟新的市场，及时响应、动态解决现有市场的巨大个性化需求；四是引领带动效应，通过供应链管理、产业链金融、创新平台等模式，进一步放大国企内创业的带动效应，有效促进产业链上大中小企业协同创新，显著提升产业生态的竞争优势。

三是内创业机制通过建立事业平台为员工发展创造新空间。企业优秀员工的流失日益成为威胁国企创新和持续成长的重要因素。内创业机制赋予内部企业家相当大的自由，使他们像企业家一样行事，同时内创业相对个人创业又具有更低的风险，这不仅使内部优秀员工乐于留在企业，也对外部优秀创业人才形成极大的吸引力，可以说内创业机制的建立是国企留住、吸引人才的有效机制。同时，企业内创业的过程实际上就是一个选拔和培养未来企业家的过程。通过允许有创新能力、渴望成功的优秀员工在组织的支持下，像一个真正的市场中的企业家那样从事创业活动，可以大大加快他们的成长步伐，迅速提升企业家才能。

总之，在市场化改革的大方向下，建立内创业机制，不仅能解决国企优秀员工更高层次的成就需求，更能通过内创业看到国企自身的问题，探索出一条切实可行的变革之路，进而实现国企持续健康的成长。

第二章
看透国企内创业

　　内创业是一个新生事物,对国企来说更是突破传统观念的一种勇敢尝试。不少国企负责人第一次听到"内创业"时的反应往往是"内创业不就是让内部员工辞职去创业吗？这怎么行?"。这恰恰是对内创业最大的误解。那么,内创业到底是什么,国企的内创业有哪些独特之处,内创业究竟能让国企产生哪些化学反应,当前国企推动内创业有哪些意想不到的情况发生？下面一一解惑。

何谓内创业

内创业是企业提供资源,让那些具有创新意识和创业冲动的员工和外部创客,在企业内部进行创业,企业变身为一个孵化平台,内部员工则变身为创客,双方通过股权、分红等方式成为合伙人,最终共享创业成果的一种现代创业制度。所以,现在的大众创业有两种形态:一种是个人独立创业,另一种是企业内创业。虽然都叫"创业",但是两者却有很大的区别,体现在四个方面。

1.用创业方式,解企业之困

内创业是用创业的方式,解决企业经营和管理中的各种问题。例如,企业在人才流失严重时,可以用内创业方式留人用人;企业在转型升级迷茫时,可以让多个内创业团队通过试错寻找未来新方向;企业在用传统加盟连锁方式扩张遇阻时,可以用内创业的方式实现稳步扩张;企业可以在积累的大量技术成果难以转化成产品时,用内创业方式实现科技成果快速转化;企业可以在人员丧失活力时,用内创业方式激发内部活力,等等。所以,只有从解决企业问题的角度看内创业,才可能真正理解内创业,并真正用好内创业。现在不少人对内创业的理解很狭隘,片面关注内创业成功率而忽略了内创业对企业管理和经营方面的其他作用,这并不可取。

2.内创业是三个圈子的事

传统创业是一个二环生态,其内环是创业团队,外环则是由投资人、供应商、竞争对手、客户、创业服务机构、政府主管部门等构成的外部环境。内创业是在企业内部创业,这样就在创业团队和外部环境之间多了"企业"一环,也就是图2-1的中间一环。

正是多出的这一环,让内创业生态变得异常微妙。

第一,内创业究竟是谁推动的?很多人会说是外部竞争或是内部变革推动的,这些都没错。但真正让内创业出现的,是一把手。如果没有一把手对内创业的认同,内创业就不可能存在,所以内创业是"一把手工程"。

　　第二,企业中大量不创业的人怎么看待内创业?五个字:羡慕嫉妒恨。你刚开始干内创业时,他会觉得你不务正业;等你干好了,他又会心生羡慕甚至嫉妒恨。所以,内创业者受到的干扰要比外部独立创业更大,必须同时处理好外部环境和企业内部的人和事,企业要为其创造少受干扰、相对隔离的环境。

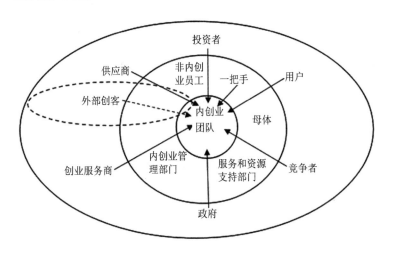

图 2—1　内创业的三环生态

　　第三,大企业的传统管理套路能直接用到内创业上吗?原封不动地挪用只会把它扼杀在襁褓之中。例如:一家全球领先的机械制造企业在刚开始推动内创业时,提出入孵企业人员必须着工装、8点准时到岗、参加早操会等,而创业团队往往希望拥有较大的内部管理权和自主权,对这些硬性规定产生了很强抵触,不少创业者纷纷逃离。正确的做法是要形成一套能兼顾大企业员工和创业者的有效治理方式。

第四,怎样让企业职能部门真正支持内创业?职能部门领导的想法往往是:"凭什么把我部门积累多年的资源给你一个创业团队,我有什么好处?"此时,就需要有一个恰当的激励考核机制,绑定职能部门和内创业团队双方的利益。比如,某化工集团把创新创业小创公司的经营业绩指标与集团各下属单位党政主要领导的经营业绩、薪酬收入考核紧密挂钩,并签订责任书,列入企业领导班子考核。

内创业是三个圈子的事,要在一个成熟而庞大的企业体系中推动创业并不容易。内创业能否成功,取决于三个圈子间能否达到良性的互动平衡。

3.内创业是从 0.1 开始的创业

人们都说创业必须从 0 到 1,而内创业可以不从 0 开始,它能利用企业积累的丰富资源和品牌,让自己的创业起点稍微高那么一点,从 0.1 开始。

技术从 0.1 开始。大唐网络利用自身技术积累,直接开发好底层技术模块提供给创业者,创业者根据自己的创意从模块库中选取,就像搭积木一样;完美世界则为早期的内创业游戏开发团队提供各种 IP(intellectualproperty,知识产权)和引擎、美术等技术支持,负责全部开发成本。

生产从 0.1 开始。硬件产品创业一开始代工规模小,代工厂不愿意接单开模。怎么办?海尔小微企业雷神的供应链走的就是苏州海尔工厂,同时借助其规模优势,得到上游广达、蓝天等模具供应商的支持。

市场从 0.1 开始。某机械制造类企业 2018 年给一家内创业企业提供了 3000 万元订单,让其销售额在 2017 年 600 万元的基础上一下提升 5 倍,该企业按照订单量和一部分资金投入在其中占股。这种做法在很大程度上解决了让创业者颇为挠头的初期市场开拓问题。

数据从 0.1 开始。大唐网络的"天天系"是针对民生行业(教育、健康、体育等)的创业项目,在利用自身优势拿到相关行业的数据资源后,根据实际需要提供给内创业团队使用。

从 0.1 开始是一把双刃剑:用得好了,会让创业者在一开始多喘几口气;用得不好,内创业企业会因发育不良或畸形死得更快,因为它会让创业者形成对母公司的资源依赖、订单依赖、品牌依赖,到最后反而可能会害了创业者。

4.内创业是有退路的创业

创业不能有退路看上去是一条铁律,然而内创业却可以有"退路":企业会为失败的内创业者托底——你做不成,可以再回来。例如,长虹规定如果创业失败,创业团队成员可申请重新应聘公司岗位;航天科工集团针对内创业员工提供离岗双创回岗的保障;瑞普生物提出"同薪留岗"政策;中国钢研院规定,员工创业期间或3年创业期满后,依据创业员工个人意愿,原单位有重新接收劳动关系、参照原岗位安排工作的责任,等等。有退路的最高境界,是为创业团队提供完全保障。某游戏公司给内创业员工很高待遇,只要通过公司管委会筛选的游戏工作室负责人,都要保证至少一百万年薪,保证在北京有着相对舒服的生活,不用每天想买菜租房这些事。

内创业之所以会有退路,是给想内创业的人一个"心理保险"。因为这群人往往很犹豫:一方面想通过创业实现自己的理想,另一方面又担心创业失败而丢掉原来的职位和待遇。此时企业提供一种托底制度,就会让大家抛掉后顾之忧而全心投入。

5.内创业形成了新型生产关系

传统观念里,老板和员工之间就是一种"雇佣关系"。然而,内创业让员工与企业之间从传统雇佣关系变为新型合伙关系,外部创客也从简单的合作者变为内创业的合伙人。企业中的合伙人变多了,合伙边界扩大了,合伙程度也加深了——这不只是合作方式的简单变化,而是从一种简单的企业产权管理制度,变为企业的一种新型生产关系。

内创业的合伙方式多种多样。既有传统基于股权分享的合伙,也有基于短期分红的合伙,还有提供宽松创新创业环境的合伙。海尔通过资金和资源入股,大唐网络通过技术入股,3M、谷歌、阿里巴巴通过为内创业员工提供宽松的创新环境和文化氛围推动内创业,韩都衣舍、王品餐饮集团等通过即时变现分红的方式推动内创业等。要让这种新型生产关系真正在企业中落地并持久运行,必须将其提到战略高度。

国企内创业：四环生态

国企的内创业既不同于民营企业的内创业，也不同于传统的企业项目研发，其独特性主要体现在四个方面。

1.国企内创业是个"四环"生态

与一般内创业的三环生态不同，国企内创业是一个四环生态。多的这一环，就是国企的各种制度约束，它是位于外部环境和企业、内创业团队之间具有特殊重要影响的一环，见图2-2中的第三环（从内向外数）。由于国企在有国资制度和相应管理约束条件下开展内创业，如国有资产流失、产权归属与分红、工资总额限制、员工持股比例上限、知识产权归属等，这使得它与民营企业内创业的重点、方式方法都有所不同。

于是在国企中会出现两种情况：一种是缩手缩脚，另一种是大胆尝试。一批肯动脑、敢担当的国企领导们通过创新试错找到各种解决方法,巧妙化解刚性约束,既成功推动内创业,又不触犯红线:建设专业化众创空间,以非资金入股,只孵化不办企业,成立创投基金,创业成果内部转移转化,营造创业文化,奖励内部创客,利用国企信誉获取创业资源,等等。这些方法的核心,都是用创业的方式调动国企内部人员的积极性,背后体现的就是企业家精神的核心——创新能力,这恰恰是很多国企领导最为欠缺的。

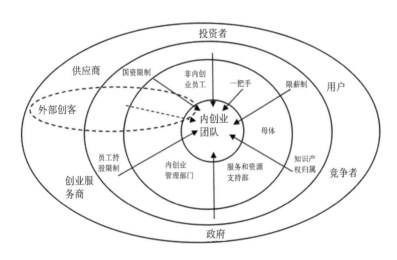

图 2-2 国企内创业的四环生态

2.激发活力、转化成果是重要动力

内创业有多重目的,比如推动企业整体转型、实现主业快速发展、留住优秀人才、打造统一战线、激发内部活力、转化科技成果、提升品牌形象,等等。对国企而言,有两个特殊现实:一是活力不足是人们对国企最大的诟病,二是国企内部有大量科技成果无法快速转换成市场可接受的产品。于是,激发内部人员活力和实现科技成果转化是两个最主要的动力。

某电信运营商创投部负责人就宣称:"我们鼓励内部员工创业,就是要营造一种氛围,让创业的人带动其他不创业的人,提升整个集团的活力。相对于我们企业 2000 亿的级别,内创业团队能做多大反倒不是我们最看重的"。中国造币总公司是一家垄断性企业,业务量大、不愁生存,但为了调动内部年轻人的积极性和活力,领导决定推动内创业,让青年俊才不被传统的国企文化所影响。另外,国企往往具有雄厚的技术基础和大批科技成果,但缺乏真正将其转化成生产力的机制和人才,内创业恰恰具备这样的功能。大唐网络是大唐电信参股的一家混改试点单位,它通过搭建移动互联网专业化孵化平台和提供专业技术模块,让外部创客到其平台上创业,将内部积累的技术能力快速变现。四川长虹推动内创业的目的也是将其内部的科技成果快速转化为现实生产力。

3.以内部创客为主,辅以外部创客

内创业是一个开放平台,同时接纳内部创客和外部创客,很多民营企业中的外部创客远远多于内部创客。国企则有所不同,大部分国企在推动内创业时,都强调以内部员工为主,首先国企人才资源很丰富,盘活人才资源最关键,所以以激活企业内生动力为主,优先从内部开始。

上汽集团的种子基金计划,主要针对内部的技术型员工;中国联通在推动沃创客计划时,虽然允许外部创客进入,但要求创业团队主要成员必须是联通内部员工;中国一重推动"四创"工作的人群就是内部的科技人员、技能技术人员和一线员工。很多国有企业在发布内创业相关管理办法或实施意见文件时,都会清楚说明内创业的主体是内部员工,辅以外部创客。当然也有例外情况,比如中国科学院西安光学精密机械研究所孵化的相当一部分科技创客来自西安交通大学、西北工业大学、西安电子科技大学、中科院其他研究所和很多海归;大唐网络的创客也都主要来自外部。这和内创业的目的与方式有关。中国科学院西安光学精密机械研究所和大唐网络都成立了面向全社会开放的孵化器,强调利用外部创客力量达到科技成果转化的目的,服务于企业和科研院所本身的发展目标。

4.以渐进式内创业为主,多种方式一齐推动

内创业的程度有深有浅,比如海尔就是程度最深的一种。它把企业转变成一个创业平台,通过小微创业的方式推动企业整体转型,这种内创业通常需要企业在组织架构和运行机制上做出较大调整。

国有企业改革对稳定性有很高的要求,所以在这种背景下,内创业推进也以渐进性为主。从推动方式上看,既有通过奖励为主的内创业方式(如上汽集团"种子基金计划"),也有成立专业化众创空间的内创业(如郑州宇通、中国电子科技集团、大唐电信);既有通过营造创新创业文化推动内创业的方式(如中信重工的四类创客群),也有通过奖励、孵化器和文化共同推动的方式(如航天科工二院206所)。从范围来看,多数国企只针对某一类新项目或在某个特定范围进行内创业,国企原有主业和组织架构变动较小,投入的资源和风险可控,即便最终失败也不会伤筋动骨。

三重激活效应

"激活"本意是指刺激机体内某种物质,使其活跃地发挥作用,后被比喻成通过刺激某事物使其活跃起来。内创业就是一种能刺激国企内部并使其活跃起来的新方法,它不仅会激发国企沉睡员工的活力,还会激活国企的冗余资源和僵化机制。

1.人的激活:从装睡、叛逃到当老板

国企中有三群人不好管,让领导们很困扰。

第一群是在企业发展早期战功赫赫的老员工,现在的他们整天躺在功劳簿上不思进取,活力全无混日子,这群人变"懒"了。

第二群是想更进一步的企业年轻高管们,他们在打拼一段时间后发现重复工作索然无味、缺乏上升空间,无休止的内斗和"玩政治"让他们心生厌倦,心有宏图大志却不被领导认可。于是,他们要么"叛逃"离职创业,要么被挖到民营企业,国企成了免费培养人才的黄埔军校,这群人变"刁"了。

第三群是怀揣梦想的职场新鲜人,他们打破头挤进国企更想实现自身价值,并不看重那点薪酬或职位,稍有不满就炒老板"鱿鱼"。麦可思研究院 2018 年发布的《中国大学生就业报告》指出,2017 届本科生在半年内离职的人群中,有 98% 是主动离职,主要原因是"个人发展空间不够",这群人变"坏"了。

为什么会出现这样的情况?核心原因在于传统激励方式对国企中不同人群的作用正在减弱。要让国企员工重新焕发生机活力,就要找到真正从心底激活他们的方法,内创业恰恰是这样一剂良药。

内创业让国企员工从原来的螺丝钉和打工仔,转身变为合伙人和独当一面的老板,是把人心深处想做事、实现个体发展的"人性"激活了。它让老员工有了一个继续发挥才能的新舞台,让年轻高管找到了一个不用离开国企也可以创业跃升的新方式,让新一代后能够用内创业的方式去实现自己的理想和价值——即便有些理想看起来并不那么靠谱。不少国企领导正是发现这一点便开始转变思路:"你不就是想做点事吗？我给你机会和资源，让你在企业平台上创业。"

2.资源激活:从冗余沉睡到创造新价值

国企一直以来就是资源宝库:既有厂房、设备、设施等"硬资源",又有人才、技术、品牌等"软资源",还链接着大量外部资源。然而,令人惋惜的是,这些资源并没有被充分利用,众多资源在睡大觉,成为"冗余"资源。如果这些稀缺资源能为内外部的创业者所用,则不仅能成就其事业,还能为企业创造新的价值。内创业对资源的激活体现在两种效应上。

第一种是"资源盈余效应"。这是指国企内部的各种资源为内创业所用,能够有效降低创业初期的各种固定投入和后期的可变成本,产生传统主业之外的创业盈余价值,而创业团队利用这些资源的边际成本很低。比如,沈阳机床厂、中科院西安光机所把自己的厂房、专业化设施、设备等向内创业团队开放,大大降低了内创业团队的研发生产成本和检验检测投入。

第二种是"资源放大效应"。这是指创业团队通过利用国企闲置资源和成熟品牌,放大自身创业价值、迅速获得市场认同的一种效应。当前国企面临的一个重要问题是"资源闲置成本过高",大量设施设备闲置、品牌价值没有充分挖掘,有形资产折旧和无形资产损耗浪费严重。内创业恰恰是降低资源闲置成本、利用品牌价值溢出的一种有效方式。上汽集团规定,员工可以在8小时工作外,利用集团内的各种设施设备进行创新研究,这放大了资源的价值。内创业团队则充分利用了上汽这块金字招牌,一位内创业团队负责人就说:"我现在出去,就告诉别人我是上汽内创业团队的,这样可以被别人重视,并顺利对接一些外部资源。"

内创业正是通过"资源盈余效应"和"资源放大效应",让企业的闲置资源有了新的用武之地,激活了国企丰富的资源储备。

3.机制激活:从僵化到灵活

机制变革是国企改革的核心,好的机制让人不用扬鞭自奋蹄。举一个简单的例子:很多创新的东西在国企评审过程中会被刷掉,因为大企业追求标准、稳定、大规模的产品,这跟创新恰恰是相悖和冲突的。看起来很好的奇思妙想在大企业内部没法支撑,所以必须突破现有机制。

　　具体来说,有三种机制对国企内创业至关重要:一是激励机制,二是科研合作机制,三是成果转化机制。首先,国企工资总额限制(即通常所说的"限薪制")、混改中员工持股比例严格受限(比如员工持股总量原则上不高于公司总股本的30%,单一员工持股比例原则上不高于公司总股本的1%)等不可避免地会让国企内部员工的积极性受到影响,也让国企领导们在实施激励管理时显得捉襟见肘。其次,企业与外部的高校、科研院所签订的科研项目合同往往是一锤子买卖,而且高校、科研院所追求的是科研成果、发表论文、培养学生等,企业则追求的是产品和技术能否落地、市场业绩表现等,两者追求的东西不同,因此两者之间的合作经常出现各种问题,难以真正满足企业的创新要求。最后,企业以往采用的技术转移、成果转化方式存在链条长、效率低、精准性差等问题,企业自身积累的科技成果难以快速转化为现实生产力。

　　内创业可以在一定程度上解决上述问题,激活国企内部运行机制。

　　首先,内创业用合伙的方式将企业和内创业者"捆绑",让原来企业单向提供给员工的物质激励或精神激励,变为员工要创业而发自内心的自我激励。一名在国企工作了5年的年轻内创业者曾欣喜地说："真没想到在国企这样的体制内单位,还能有内创业的选择,体验一次就让我觉得特有意思。"毋庸置疑,内创业的机制让国企内部员工感受到莫大的激励,即便只是通过宽松的创新创业文化鼓励内部员工尝试和选择的氛围,都会产生意想不到的激励效果——机制上的小进步就能激发员工的大活力。

其次,内创业让企业与高校、科研院所的科研合作项目,找到了一种新的落地方式。某国企规定,企业和高校、科研院所一起申报科研项目,企业给一部分启动资金、科研经费,但这不是简单的科研合作,最后的目的是成立公司——只有成立公司并见到科技成果转化的实际效果后,才能将科研经费全部拨付到位。这其实是通过内创业的方式,延长了原来的"校—企"科研合作链条,让科研项目合作真正为企业服务。

最后,内创业可以让国企内部技术专利的发明人以及从事技术转移转化的人员或有能力的外部创客,通过创业的方式直接、高效地将国企内部积累的科技成果转化为生产力,改变了原来通过技术转移转化科技成果的种种弊端。大唐网络的"天天系"和中科院西安光机所的光电子集成领域内

创业,就是以外部创客为主的成功案例。实践证明,内创业
是将国企科技成果快速产品化、产业化最有效的一种方式。

国企内创业"众生相"

当前,已有一批国企的先行者在用各自的方式推动内创
业,这引发了越来越多国企的关注和尝试,同时也招来大量
质疑甚至反对的声音。某电信运营商在 2015 年设立 2 亿元
创业基金支持内部员工创业,消息传出引来一片哗然,一些
文章直接用"闹剧""困惑"等词语加以评价,评论区更是五花
八门,褒贬不一。

这,只是对国企内创业不同认知的冰山一角。

事实上,不同国企对内创业的态度和做法也不同,形成
了一幅立体的"众生相":既有固守陈规者,也有畏惧退缩者
和装模作样者,还有迷茫者和一路坎坷者,当然更有奋斗者、
成功者。

● 固守相

这是指企业固守已经不再有效的旧方式，迟迟不愿采用内创业的一种情况。某电气制造国企的中心研究院按照传统科研院所的机制运行，虽然有产业层面的研究，但由于没有相关配套，整个产业链条不完备，企业内部也缺乏投资部门，导致研究成果无法落地，进而使得内部缺乏活力，大批名校毕业的科研人员整天无所事事、离职创业或跳槽现象频现。研究院的领导认为，与外部大学的科研合作项目失败或自己内部投资巨大的科研项目达不到预期效果，都可以接受，但一旦要和外面的老师、研究人员一起成立创业团队就不接受，认为创业失败风险大、国有资产会流失。

"固守相"的核心是思想守旧、理念落后，固执地认为原来的套路仍能发挥作用，而不愿面对新生事物、不能与时俱进。

● 畏惧相

这是指企业想尝试内创业但怕出问题，于是宁可不试的情况。东北的一家制造业国企，在听到内创业的概念和成功案例后，多数人的第一反应是询问"国家有没有出台的红头文件",而不是琢磨怎样让内创业在企业落地。与这家企业类似,不少国企领导都担心内创业会引发国有资产流失、难以突破国有企业产权规定等,因而只是远远地看着他人实践而不敢自己落地尝试。

"畏惧相"是一种看似无可厚非的"理性"选择,但核心是缺乏担当和企业家精神,不愿在既定约束下寻找新的解决办法,宁可不做也不冒犯错的风险。

● 假装相

这是指为了完成国企"双创"任务而挂牌众创空间或发文推动内创业,但实际并没有真正用心去做,颇有"装样子"之嫌。在实际调研中,我们发现不少国企选择用发文代替实际行动。通过发文宣布启动内部员工创新创业计划,但后续的配套措施、考核机制、扶持政策等却没了下文。还有一些国企把原来的某些机构改头换面,挂一个众创空间或孵化器的牌子,实际上是一个空壳。

"假装相"的核心是为满足上级领导要求和国家的战略部署而不得不做的一种应付行为,没有真正领会"双创"的精神实质。

● 迷茫相

这是指有些国企想推动内创业,但由于内创业是新生事物,往往面临"老虎吃天、无从下口"的窘境。有一家国有金融控股集团领导为此曾大伤脑筋,苦苦思索到底是该在企业内部建实体孵化器,还是把某一项具体新业务用内创业的方式来做,或是让员工们自由申报创业项目。还有国企受制于企业性质(如军工、涉密等),空有一番内创业激情,却迟迟找不到恰当的切入点。

"迷茫相"的核心是没有把自身情况和内创业模式有机结合起来,内创业是一个概念,但落地并无定式,找到符合自身特点的内创业模式是关键。

● 坎坷相

这是指有些国企在推动内创业的过程中,因为各种原因遇到形形色色的困难,一路坎坷,做了却没做好。某家电制造业国企在推行了两年内创业模式后,发现效果不如预期,于是便不像当初那样大力推动内创业,虽然没有封死这个口子,但已经名存实亡。事实上,内创业至少要3~5年才能真正见到实效,操之过急只会自乱阵脚、自毁长城。

"坎坷相"的核心是没有摸透内创业的规律,同时也缺乏专业的指导和战略层面的设计。

● 奋斗相

这是指有些国企善于结合自身情况,创造性地推动内创业落地并收效良好的一种情况。海康威视通过鼓励员工持股内创业的方式强力推动内部萤石电商网和汽车电子两大新业务版块的发展壮大;华工科技通过成立"光造空间科技产业发展有限公司",将激光技术专业化众创空间进行公司化运营,孵化的锐科激光、华日激光等8家公司均在各自细分领域活了下来,成为行业标杆;大唐网络和混合所有制改革紧密结合,通过打造"移动互联网国家专业化众创空间",基于369模式和吸引外部创客,快速推动内部科技成果转化;某化工集团通过与腾讯众创空间共建"化工新材料专业化众创空间",将其打造成集团科研成果转化平台、小创企业孵化平台、知识产权运营平台,推动集团延伸现有产业链。

"奋斗相"的核心是不畏束缚,敢于创造性地探索、实践适合自身发展的内创业模式。

第三章
创造内创业启动条件

国企内创业是一个系统工程,并非想做就能做,需要一定的启动条件。首先要领导层高度认同,企业提供制度上的"托底";其次要转变国企的传统角色;最后要选准切入点,找到适合自己的内创业方向。以上几条,一个都不能少。

领导层高度认同

要顺利启动内创业,必须得到国企领导层的高度认同。国企虽然有一把手,但在实际决策时,还需要其他高管参与决策,所以这是一个决策层集体认同的事情。这种认同包括三方面:价值认同、行动认同、长期认同。

1.价值认同

国企领导层要对内创业的短期价值和长远意义有清醒认识,并使之成为企业创新创业文化的一部分。海尔一把手张瑞敏说:"我不是让所有员工都成为创客,而是让全世界创客都成为我的员工。"一家世界 500 强的国企当年在决策是否内创业时,反复讨论一些问题,"内创业会不会影响队伍稳定""内创业的果实会不会让竞争对手摘去",甚至有的领导直接表态"不愿意内创业",认为内创业是"分权分利"。面对这种情况,董事长和总裁坚定推行,并成立了一个由技术副总裁、财务副总裁等几位集团高管和相关部门负责人构成的联合工作组，共同促成内创业落地。所以说，国企领导层的眼界和心胸决定了内创业能否在企业中生根。

2.行动认同

除了价值认同，国企领导层还要推出一系列内创业扶持政策和管理办法，打破"部门墙"并协调各职能部门关系，整合对接外部资源，培育一批优秀的内创业家。中国钢研科技集团领导层为推动内创业，从 2014 年起，先后组建了钢研晟华、高纳海德、高纳德凯等多家混合所有制企业，引入管理层和核心骨干员工持股计划；建成了由股权型创新基金、成果份额型创新基金、青年创新基金、产业并购基金、风险投资基金构成的基金体系；2017 年专门成立中国钢研大慧双创基地，发布《中国钢研科技集团有限公司钢研大慧双创基地鼓励创新创业政策及实施意见》。某化工集团的化工新材料专业化众创空间推出一系列制度来推动内创业，包括《集团双创基地团队入驻及退出管理办法》《入驻退出协议》《工位使用考核标准》《办公区管理及考勤请假制度》《安全管理办法》《专家导师聘任及专家费发放管理办法》《小创企业管理规定》。

3.长期认同

不坚定、不坚持是内创业的大忌,国企尤其要避免这个问题。首先,从创业规律看,内创业至少要坚持3～5年方有成效。其次,内创业不是用企业资源快速赚钱的思路,而是解决企业管理和经营中的若干问题,摸索一种可持续创新的商业模式,必须长期坚持。王晓初董事长先后在中国电信和中国联通担任一把手,2011年在中国电信、2015年在中国联通分别提出了天翼计划和沃创客计划,一直坚持推动内创业落地;中科院西安光机所赵卫所长从2007年开始推动内创业,经过十多年实践培育出一批高科技创新型企业。反观某制造业国企,从2015年开始大力推动内部员工创业,到2017年年初这家企业支持的10多家内创业企业还有5家正常运转,但都是百万级和千万级的公司,相比母公司上千亿级的体量不值一提,对主业的贡献也没预期的那么大。于是,该企业对内创业产生动摇和质疑,使得内创业工作在集团内部推行两年后便遭遇"寒流"。

一个很现实的问题是,即便领导层提出了内创业理念,下面还有很多人不解甚至暗中反对。国企内部利益关系复杂,推行内创业这样的新事物面临的阻力更大。该如何解决?

通常有三种方式:

一是内部制度保障。把内创业写入公司战略规划或年度计划,通过内部讲话或发送内部邮件统一思想,通过年会或中高层内部培训宣传内创业理念等。中科院西安光机所赵卫所长 2006 年在所里明确提出产业化思路,一开始很多科研人员不理解、不同意,赵卫顶着压力于 2007 年推出了"三年离岗创业"制度,并使之成为光机所实施至今的内创业制度基础。上海汽车集团 2014 年 12 月在集团干部大会,提出要建立一种以"种子基金"为特色的专业平台,推出鼓励员工内创业的制度。

二是靠个人魅力和威信。海尔张瑞敏在 2012 年提出小微创业的模式,一开始让其他管理者不理解,让员工不适应,让外部创客彷徨。此时,张瑞敏的威信发挥了重大作用,一位内部人士曾这样评价:"张首席是海尔的精神领袖,他一言九鼎,没有任何人敢质疑他的威信。他认定的事,肯定能在公司内部推行下去。"在这个意义上,张瑞敏是一个真正具有企业家精神的创始人。

三是去外部标杆企业考察学习。组织内部中高层管理者去领先的内创业企业学习。东风汽车集团 2017 年提出要改变集团科技管理和创新体系,随后组织科技和管理部门的干部去上汽集团、中信重工等企业调研考察,统一思想后,回去就开始推动内部科研机制的转变和内创业的实施。

实现三大角色转变

内创业是一个新生事物,国企需要用一种新的方式和角色介入其中,才能让其顺利启动。如果还用老的思维和传统方式推动,只能把它逼到死胡同。对内创业来说,国企既是创业平台打造者,还是投资人,更是合伙人。

1.产品提供者→创业平台打造者

国企以往都专注于提供某类产品或服务,组织结构也是自上而下的科层制金字塔结构,相对较为封闭。然而,要启动内创业,国企就要将自己转变为一个孵化创客的专业平台。这个平台整合企业内外部的创业资源,汇聚内外部创客,提供专业化创业服务,扁平管理、快速决策、高效运转。国企打造创业平台有两种方式:一是建设具有本企业特色的专业化众创空间,如中国钢研科技集团的大慧双创基地,大唐电信旗下的大唐网络移动互联网专业化众创空间,某化工集团的化工新材料专业化众创空间;二是通过营造创新创业文化,形成一种虚拟的创业平台,如上海汽车集团就在全集团内推行"种子基金"计划,鼓励员工利用集团设施设备开展创新创业活动,并为种子项目提供资金、专家、资源对接方面的专业服务。

2.管理者→投资人

国企强调管控,通常采用集中决策和自上而下的信息传递方式加以推行,管理成本和效率是决策重点,因此,主要角色就是管理者。然而,当推动内创业时,国企的角色要从单纯的企业管理者变为创业投资人,从管控思维变为投资思维,决策重点是提供专业化资源、改进投资方式、提高创业成功率、确定恰当的退出时机。传统的国企管理模式只适用于成熟、稳定的大型企业,对具有高风险特征的内创业项目来说,转变为投资人的心态更有助于国企理顺各种关系,而不是用传统的大企业管理方式简单粗暴地套用到内创业项目中。

3.老板→合伙人

企业家通常都是典型的"老板"心态,国企领导也不例外:掌控资源配置、决定战略方向和人员去留,员工只是自己手下的一颗小小螺丝钉。然而,国企要推动内创业,就要和内创业者一起合伙做一件事,共占股份、共担风险、共享收益,甚至要成为资本运营合作者,从老板角色转变为合伙人身份。这是一种从思想到行动的深刻变革,从原来的上下等级变为平等共事、从原来的雇佣关系变为合伙关系并不容易,需要国企领导在心态、管理和行为模式上调整很长一段时间才能真正适应。

现实中,国企领导往往在内创业的不同阶段,扮演着不同角色:早期主要是平台打造者和投资人,中期主要是合伙人和服务者,后期则是资本运营合作者。

为内创业"上保险"

说到底,内创业仍是一件高风险的事,国企本身和内部员工对此更敏感,都期望通过明确的制度来降低创业风险,否则没人敢跳出来做这件事。那么,国有企业出台的内创业管理办法中,什么才是员工创客们最看重的呢?

创业期满或创业失败后是否能再回到企业工作,是国企创客们最看重的。

这种托底制度,就是在为内创业上保险。一旦没有这个保险,就会出现两种情况:一是少数员工毅然辞职出去创业,很可能成为企业的竞争对手;二是多数员工彻底打消创业念头,回去老老实实工作。原因很简单,身处国企,最大的风险就是丢掉工作。当国企提供了托底,就能让那些有创业冲动又怕创业失败、一直处在犹豫中的员工,找到一个放下心理包袱、大胆发挥自身才能的新舞台。

国企为内创业员工提供的托底保险分不同程度,主要有三种：

退路 1：无条件回归。航天科工集团针对内创业员工提供离岗双创回岗的保障；上海汽车集团规定，员工可非脱产创新创业，创业不成还可以回来；某化工集团规定，离岗职工创业给予保留 5 年人事关系，档案工资正常晋升；郑州宇通汽车为内部员工创业提供三年保护期，三年内重返公司后的职级和薪酬福利不低于离开时。

退路 2：提供回归机会。中国钢研院规定，员工创业期间或 3 年创业期满后，依据创业员工个人意愿，原单位有重新接收劳动关系、参照原岗位安排工作的责任；长虹规定：创业初期仍是长虹公司员工身份，基本工资和待遇不变；如果创业失败，创业团队成员可申请重新应聘公司岗位。

退路 3：分阶段托底。中国电信的"一孵"中，项目组成员编制仍在原工作岗位，保留原来的职务和工资；"二孵"中，原有职务和薪酬冻结并保留 1～2 年，到期之后可选择是否返回原单位。

托底制度是内创业的必要条件，但国企必须把握好"度"：过松，就是玩票；过紧，会让人不敢出来创业。那么，下一个问题来了：那些创业失败的国企内创业者真的会回去吗？答案是少部分回去了，大部分没有回。

在有托底情况下决定内创业的国企员工，并没有把托底当作救命稻草，他们抱着和外部创业者一样的心态——既然决定创业就要全身心投入——这不只是面子问题，更是一种人性的力量。当然，确实有一部分国企员工回到了原来的工作岗位，这非但不丢人，还会给企业带来三种正向效应：一是他会感谢企业提供的创业机会，同时安心上班不再折腾；二是提升了个人能力、开阔了视野，即便不适合创业，也对做好原来的本职工作有很大帮助；三是会将内创业当作一段人生经历，将自己的经验和教训与其他同事分享，将创新创业的精神和活力带给同事，达到了锻炼队伍的目的，比传统内训效果好得多。

混改是个好切入点

许多国企高层和员工经常提出一个问题：我们想启动内创业，但面临阻力大，是否有一个比较好的切入点呢？

从实践看,成果转化是个不错的切入点,因为内创业本身就是成果转化的重要途径;另外,企业文化建设也是一个重要的切入方式,因为企业文化是内创业的催化剂,内创业反过来也有利于培育国企的创新文化。当然,现在有个非常好的新切入点,就是混合所有制改革,这是国企推动内创业的重要机遇。一方面,混合所有制为内创业提供了新的激励机制,传统的混合所有制更多地通过资本市场兼并重组实现,这类方式有利于快速扩张,但在员工激励方面存在许多问题。通过内创业既可实现业务扩张,又能创造新的激励分配机制,可以弥补传统混合所有制的不足。另一方面,内创业也为混合所有制改革提供了一种新的落地方法。这一做法已经得到政府的支持,2018年国务院发布实施的《关于推动创新创业高质量发展打造"双创"升级版的意见》,明确提出鼓励国有企业探索以子公司等形式设立创新创业平台,促进混合所有制改革与创新创业深度融合。同时,一些国企积极探索混合所有制度改革+内创业模式,确实也取得非常不错的效果。

2015年,大唐电信对旗下内创业公司大唐网络开展混合所有制改革试点,通过产权交易所公开挂牌的方式,引入5

家外部战略投资者,完成了股权转让和增资扩股。改制后的大唐网络股权结构中,原来绝对控股股东大唐电信的持股占比降至37.23%。通过混合所有制改革,不仅有利于企业实现股权多元化,改善法人治理结构,而且引入市场化和创新基因,有利于培育新兴业务。

山西焦煤集团推动下属内创业公司山西凯硕文化传媒公司开展混合所有制改革。该公司以动漫技术为核心,依托人才优势、资源优势和技术优势,专门为社会安全公益事业及大型重工业企业提供高新技术服务。改革后,凯硕文化传媒公司是由两家外部企业和公司员工出资共同组建的合资公司,其中员工占股19.1%。公司副经理以上级别的3人入股均不超过5万元,占比均不可超过1%;其他普通成员入股不超过4万元。在符合入股比例规定的基础上,员工入股采取自愿原则。通过混改与内创业结合,有效调动了公司员工的创造积极性,新产品研发速度得到很大的提升。

某钢铁集团为推动内创业+混合所有制改革,探索设立了成果份额型创新基金。对于具有明确市场化前景的科研项目,在立项初期,参与项目科研人员一方面可以个人实资入股,另一方面能够以科技成果入股,并允许创业团队成为创业公司或创业项目的第一股东或控股股东。这一做法一方面推动自然人、法人、外部投资者联合开展创新创业，另一方面也将项目申报以单位为主体、经费以拨款补贴的消费型支持模式，改为享有成果份额，实现风险共担、收益共享的模式。

选准对的业务方向

令国企高层和员工头疼的另一个问题就是如何选择内创业的方向。到底是做与母公司相关业务？还是另起炉灶拓展全新业务？是利用母公司的资源，还是更多地依托母公司的核心能力？内创业并不是完全独立的社会化创业。因此，创业方向的选择或多或少都会受到母公司的影响。实践中，国企内创业的方向选择有以下几类：

第一类是业务延伸型。主要选择公司现有业务或相关性业务，这类创业比较容易起步，也是大多数国企优先考虑的。海康威视推动内创业就是从公司延伸业务出发的。新业务与公司视频监控主业既有关联又有明显区别,不是现有成熟业务,而是投资周期较长、业务发展前景不明朗、具有较高不确定性,但需要进行直接或间接的投资探索,以便公司适时进入新领域的业务。比如,海康威视成立的机器人公司、汽车技术公司都是内创业公司。

第二类是资源依赖型。这类创业活动充分利用了母公司内外的优势资源,具有较多的冗余资源或能整合外部资源的公司可以选择这一创业方向。比如,中国电信就是利用内外资源开展内创业的典型例子。早在 2012 年中国电信便率先开展了内创业,成立了专业的创业孵化投资机构——天翼科技创业投资有限公司。为进一步激活运营商资源价值,2015 年又发布创新创业孵化行动计划,开展建立外部孵化基地,入孵的社会项目可以对接母公司资源。

第三类是能力驱动型。这类创业活动主要利用了公司的核心能力,比如技术能力、生产能力、营销能力等。开展这类内创业的公司需要在某一专业领域具有较强的核心能力。比如,中航工业集团为内创业提供航空先进技术和研发能力的供给,解决了创业的技术源头供给问题。在思路上,以创新创业＋军民融合为引领,以构建科技创新特色生态为目标,通过面向社会开放技术能力来推动内创业。在具体做法上,一是加大所属科研实验室、企业技术中心向社会开放力度;二是以专利、技术、资本等方式投入创新创业机构,促进内外部优势互补。矿业某公司通过打造稀有金属应用专业化众创空间,推动公司内各级研发平台下设研究室、分析检测中心、中试线向创业者开放,组建由专业技术、投融资、企业战略等不同领域专家和知名企业家组成的创业导师团队进行创业辅导,设立投资公司对入孵项目开展专业股权投资,依托公司线上线下销售渠道帮助入孵项目开拓产品市场,已汇聚一批由内部员工、产业链上下游创业者组成的创客群体。

第四章
匹配恰当模式

　　在明确了国企内创业的启动条件之后,更为关键的是采用什么样的模式推动内创业落地。由于国企的战略目标、资源禀赋、面临的市场环境等各不相同,在实践中出现不同的内创业模式。但无论哪种模式,都是为了提高国企内创业成功率,帮助国企适应内外部环境的深刻变化,以更大的活力赢得更强的市场竞争优势。

七类内创业模式

所谓内创业模式,就是指内创业过程中创业资源的组织和价值实现方式。关于内创业模式的划分和选择,学术界有多种标准。考虑到对内创业实践的指导性,本书按照母体组织推进方式的不同,提出了国企内创业可以采取的几类模式。

第一类是新项目团队。这类模式是围绕新业务或新市场成立新项目团队,这些团队一般以小组或事业部门存在,是许多企业普遍采用的内创业模式,也是国有企业可借鉴采用的基本模式。

第二类是创业孵化器。这类模式主要是为内创业提供资金、人才、服务等孵化支持。近年来,很多国有企业都建立创业孵化器,部分企业围绕服务实体经济,建立了专业化众创空间,加快培育技术型内创业。

第三类是互联网平台。这类模式也是新型的内创业孵化方式,而且有利于整合公司内外资源,促进线上和线下资源的对接,有条件的行业龙头企业可以通过这一模式,实现产业链资源的整合,跨领域跨行业经营的多元化集团可以采用这一模式对集团内部的资源进行更有效的整合和共享。

第四类是创业基金制。 设立专门的创业基金,运作方式与外部风险投资相似,主要针对公司内创业项目,资助金额一般较小,在概念阶段就对项目进行投资。许多国有企业对于具有潜力的内创业项目都会给予相应的资金支持。

第五类是全员创客制。 这类模式中公司大多数员工都成为创客,整个公司转变为一个创业平台。这类模式对公司的管理能力要求比较高,具有很大的挑战性。海尔就是该模式的典型代表,国有企业很少采用这一模式。

第六类是创业大赛制。 通过举办创业大赛,为公司员工搭建创新成果的展示平台和交流平台。这类模式非常容易操作,是很多国有企业初期推动内创业、发现好创意好项目的有效方式。

第七类是自由式创业。 此类模式中公司给予内创业者足够的自由度和开放空间,不去对员工的任何创新进行限制,并对内创业者给予各种资源支持。目前,由于国有企业各类规章制度的限制比较大,采用这一模式的企业非常少。

对国企而言,上述模式既可以单独采用,也可以创造性地综合应用。具体采用哪种模式,需要根据企业的战略目标、资源条件、能力基础以及外部竞争环境来确定。

成立新项目团队

成立新项目团队来开发新的业务或市场,是成熟企业最典型的内创业模式,也是国有企业可以普遍借鉴采用的模式。新项目团队一般以相对独立和稳定的小组或事业部门存在,服务于公司的整体战略。

一是开发新业务的内创业。 这里的新业务与现有业务不相关,或者是相关性不大,其主要目的是寻找主业之外的新商机为企业提供业务转型的机会。特别是企业的主业已处于衰退期时,通过新事业开发寻找新的主业,对于企业的可持续发展尤为关键。这种新业务开发的特点是公司提供开发新业务的全部资源。开始时,内创业项目是附属于企业的,仅是企业的一个部门,内创业者担任项目负责人;随着项目的进展,项目有可能成为公司的一个事业部,内创业者成为事业部经理;新业务在有了一定的进展后,可能以子公司的形式独立出去,内创业者可能获得新创企业一部分股权。

二是强化核心业务的内创业。其目的在于围绕母公司现有业务,鼓励员工寻找强化核心事业的业务领域,建立企业的整体竞争优势。比如母公司为了实现一体化发展战略,支持内创业员工围绕企业主业的上游或下游发展。特别是新事业有重要发展后,母公司还会将其直接整合到自身的核心业务中,实现业务的战略性重组。

苹果公司最初设立的麦金塔电脑事业团队就是这样的内创业团队,当时的 CEO 史蒂夫·乔布斯将该团队安置在远离公司总部的地方,独立设计未来的计算机系统,并给他们明确的使命和期限。

荷兰的壳牌石油 1996 年成立了"规则改变者"专门小组,拨款 2000 万美元支持有创新想法的员工,授权员工探索打破惯例、改变规则的新项目,项目一旦成熟,就成立一个企业进行运营并开始融资。

宏碁集团允许进入公司 5 年以上的员工开展内创业,内创业团队一开始作为部门存在,新创部门在母公司的庇护下,集中优势资源开展业务。等新创业务过了生存期后,就采取引入外部资金的形式组成新公司。

微信作为腾讯移动端的战略级创新产品,最初也是从内部项目小组中诞生的。2010 年新项目启动时,腾讯引入内部赛马机制,让 3 个团队同时进展,多路并进,互相竞争。现在成功的张小龙团队,是来自原广州研发部 QQ 邮箱团队。微信成熟之后,组织结构进行了调整,先是将微信产品中心与邮箱产品中心分开,之后又将微信提高到事业群高度,成为腾讯的七个事业群组之一。

华工科技是一家以激光为主业的上市公司、国家级创新型企业。为进一步激发员工的创新潜能,华工科技先后成立 6 个内部创客中心,每个中心团队都独立运营,技术、市场都由员工说了算,华工科技提供平台,收益与创客团队六四开,团队得 40%。除了不能注册公司,这些团队与创业公司没什么两样,如果干得好的,年收入甚至能超过集团高管。

建立创业孵化器

创业孵化器,是为内创业提供基础设施、资源支持,促进其快速成长的一类创业模式。近年来,大企业越来越多地介入创业孵化器经营,很多世界 500 强企业都建立了内部孵化器。

谷歌于 2016 年成立了 Area 120 孵化器,目的是留住公司内有创业想法的人才,同时也让团队可以测试有望发展成为商业产品,或是与现有产品进行整合的新概念。谷歌的员工想要创业需要上报创业项目计划书,创业团队在计划书获得审核之后,接下来的一段时间内可以暂时放下本职工作,把全部时间投入这个新的创业计划中,如果进展顺利,可以向谷歌申请资金支持,如果条件成熟,可以在适当的时候分离出谷歌,成立一家独立的公司,当然谷歌会是这个项目的投资人之一,拥有部分股份;如果创业失败,也可以回谷歌继续上班。

中国电信选择的也是设立创业孵化器模式。2012年,中国电信创新孵化(上海)基地挂牌,成为央企创办的首批科技孵化器。孵化基地由天翼科技创业投资有限公司负责运营,主要聚焦于移动互联网、云计算等新兴业务,进行创意挖掘、项目孵化,多批创业项目入孵、毕业和进入公司化运营。中国电信之所以创办孵化器,是因为集团管理层意识到必须通过体制机制创新,激发员工的创新创业活力,才能在瞬息万变的市场环境中有所作为。创业孵化器作为一种开放式创新模式,有助于中国电信寻求传统体制内的突破,并为面向移动互联网的转型打下基础。

招商局集团设立了创业孵化器——厘米空间。该孵化器背靠招商局集团,具有强大的产业资源和金融资源支撑。一方面,可以对接招商局金融、地产、交通三大板块业务,包括拥有银行、证券、金融、保险、基金、地产、公路、港口、物流、航运、贸易、海工装备等业务,几乎所有热门创业领域都能够对接到自己的产业依托;另一方面,可以享受全生命周期的金融服务,在项目孕育期由招商启航提供孵化＋天使轮投资;在初创期,招商局创投可提供风险投资(VC)＋小微贷款;在成长期和成熟期,招商银行、招商证券、招商局资本、招商致远资本可以提供私募股权投资(PE)＋贷款＋首次公开募股(IPO)等一系列金融服务;而当项目进入稳定期后,还有并购、不良资产处置以及财务顾问等服务。除了强大的产业资源和资本之外,厘米空间还有其他孵化器缺少的国际资源。截至 2017 年 6 月,厘米空间已经孵化了 100 个项目,投资了其中的 13 个项目,成功将 6 个项目送上了 VC 融资之路。

上海工业自动化仪表研究院是国有科技型企业,近年来建立一个智能制造专业孵化器。该院负责人认为,智能制造具有很长的产业链,如果能够把上下游企业聚集起来,培育一批在检测服务、系统集成、高端仪表等领域的技术带头人和行业领军企业,通过彼此间良性互动,不仅可以加快仪表研究院的科研成果转化速度,而且对于仪表研究院这样一个整体方案提供者的自身发展也具有重要的支撑作用。孵化器成立以来,一直为创业企业量身定制咨询服务。比如,帮助企业家建立跨界的私董会智囊团。每期一个案主,十余名企业家参与讨论,通过企业探访与案主讨论形成议题,再通过圆桌会议解决问题。再比如线上访谈,由主持人引导企业家嘉宾对企业进行深度剖析,帮助企业家发现核心竞争力。

线上其他企业家则可以帮助嘉宾发现问题、解决问题,同时也可以吸取经验、解决困惑。

专业化众创空间是一类新型孵化器,主要聚焦细分产业领域,以推动科技型创新创业、服务于实体经济为目的。主要有以下几个特征:一是依托具有强大产业链和创新链资源整合能力的主体建设;二是借助建设主体的科研与制造能力、管理与市场渠道资源,资源共享基础好、水平高;三是具有较强的产业整合能力,可以形成创新创业生态。比如,新能源汽车专业化众创空间是依托武汉新能源汽车工业技术研究院有限公司打造的创新创业平台,聚焦以新能源汽车和智能网联汽车为核心的下一代汽车技术,旨在促进新能源汽车和智能网联汽车科技型创新创业。众创空间依托武汉理工大学和工研院,向创业者开放五大研发中心和一个检测中心,组建了由高校教授、投资机构负责人等组成的创业导师队伍辅导创业,设立了种子资金,并引入了 10 余家战略合作投资机构,为创业者提供融资服务。众创空间已入驻创客团队 19 批,创客人员总数近 200 人,在孵企业 12 家,成功地帮助依托主体实现科技成果转化,解决毕业生就业等问题,并通过技术入股的形式,有效回馈了依托主体的孵化培育。

某客车龙头企业牵头成立的专业化众创空间聚焦于以车为核心的智慧出行领域,旨在推动集团内部员工创业与集团技术多场景应用的有机结合。众创空间开放集团研发检测、生产加工等硬件设备以及相关软件资源,搭建内部用于技术改善、流程优化的线上创新平台,组建由10多名集团和外部企业高管、技术人员组成的导师团,成立规模1亿元的创业基金并可通过集团向创客开放,并给予内部员工3年的创业保护期,三年内重返公司职级和薪酬福利不低于离开时。目前,众创空间已孵化企业9家,自有创业基金累计投资9410万元,在孵企业主营业务分布在新能源温控系统、儿童座椅、智能化工程设备、尾气处理技术等多个领域,已形成系统的智慧出行价值链。

打造互联网平台

许多大型企业搭建线上平台,不但鼓励内部员工在线创业,而且也积极吸引和支持外部社会化创业。

中国航天科工集团打造基于"互联网＋智能制造"的工业互联网平台——航天云网,旨在建立以云制造为核心、生产性服务为主体,集综合营销平台、创新创业平台以及资源整合平台等功能于一体的综合性创新创业平台。航天云网包含三类平台:第一类是私有云平台,是指航天科工集团公司内部军用产业涉密项目智能制造与资源共享、协同创新平台,重点整合集团内部共享分散在各地各院所的各类生产要素和资源能力,通过营造准市场化竞争环境,实现资源优化配置,激活企业内部各单位、团队、个人的创新潜能和创造热情。在私有云平台上设置集团内部创新创业专区,鼓励非正式组织的创新团队跨部门展开内创业活动,并在年度自主创新基金预算中留出专门经费予以支持已经形成的上百个创业团队。第二类是公有云平台,指的是国内企业智能制造与资源共享、协同创新平台,重点打通航天科工内部资源与社会市场之间的隔离带,依托集团的专业能力与产业链条,吸收整合社会产业要素与优质资源,构建基于互联网平台的标准规范池、知识产权池、专家池、软件池等各类产业资源和能力云池,构建覆盖设计、研发、制造、试验、检测等制造领域各环节的需求发布和智能匹配平台,并向社会各界开放。已经集成了上千个社会创业团队,其中已经有30多个团队跟集团内部业务的资源结合,将来有可能成为集团的重要业务构成。第三类是国际云平台,指的是国际企业智能制造与资源共享、协同创新平台,为配合"一带一路"倡议实施,首期开通英语、俄语、波斯语三个子平台,并推动了与瑞典、德国、卢森堡等4个国际"双创"合作项目。

中船重工以解决船舶工业发展中的技术难题为切入点,搭建面向船舶工业、创客资源的智海协同创新平台,主要定位于打通中船重工集团公司成员单位之间、中船重工集团与创客资源间国际国内相结合的创新渠道。平台包括三大功能模块:一是技术问题求解,主要发布中船重工集团成员单位在科研生产过程中遇到的技术攻关需求,面向其他企事业单位、创客征求解决方案;二是装备建言,征集单位和个人对海军武器装备建设、船舶工业创新发展的意见建议,为装备建设提供良好借鉴;三是专家评估,建立起工业领域权威专家库,通过系统自动匹配,公开、公正地对平台上提交的解决方案进行线上评估,为平台持续运营提供强有力的保障。智海平台的建设将进一步汇聚科研优势力量,切切实实解决工业领域的瓶颈问题,同时对具有市场潜力的项目进行培育和孵化,不断扩大业务规模。

中信集团作为横跨金融、出版、装备制造、工程承包等领域的传统巨头,业务横跨60多个细分领域,有2000多个子公司。公司坚持创新试错,聚焦产业痛点,积极推动内创业,专门成立了中信云网。依托中信云网和集团深厚的产业生态资源,建立了中信联盟大消费平台、中信重工物联网、仓储物流云平台、智能建造平台,协调内外部创业资源,让每一个成员企业及内部员工都可由此平台接触新型互联网技术和资源,为创业团队提供与中信旗下子公司在业务层面开展深度合作的机会,已孵化出一批适合集团及子公司业务发展的优质项目。同时改变以往单纯以资本为纽带、在垂直环境下点对点、项目对项目的业务沟通和协作模式,推动集团向生态型平台化公司转型。

航电集团的主要业务集中在航空电子产品、民航产品和防务三大领域。中航联创是航电集团旗下的综合化互联网平台,目标是利用中航工业高科技的优势,使航电的研发、设计、技术、专利还有知识产权能够为民所用,为创业者、创客所用。中航联创构建的创业生态系统,利用航空的高科技技术自主地进行创新创业,并把航空高科技和智能制造技术引入创业当中。通过联创平台的建立,打通了航空工业集团内部资源和外部连接的问题,解决了自主创新创业、科技成果转化和与外部的合资合作问题,以航空资源赋能、商业模式创新为特色,为中小企业、创新创业项目提供信息共享、技术引入、市场推广、资本对接、政策支持等增值服务。平台建成后,已注册用户40万,共享资源12000余项,开放服务3万余次,孵化科技创新项目百余项,推动军民科技创新深度融合发展。

全员创客制

所谓全员创客制,是指公司大多数员工从普通雇佣者、执行者变为创客,公司转变为一个创业服务平台或投资平台。创客并不占有母公司的股份,而是以入股创业项目或获得市场回报的奖励。

这方面做得最彻底的是海尔。2005年9月,很多海尔员工第一次从首席执行官张瑞敏那里听到了"人单合一"的提法。"人"指员工,"单"指用户。张瑞敏称要让海尔和用户融为一体,由此拉开了海尔浩浩荡荡的转型大幕。现在的海尔,没有层级,只有三种人——平台主、小微主、创客,都围着用户转。原来的员工,以前要听从上级指挥,现在要为用户创造价值,必须要变成创业者、创客,这些创客组成小微创业企业,创客和小微主共同创造用户、市场。不过,小微主不是由企业任命的,而是由创客共同选举的。创客和小微主间可以互选,如果小微主做了一段时间被小微成员的创客认为不称职,可以被选掉。实际上,海尔的小微主经常有被选掉的。而小微有四种类型:创业小微、转型小微、生态小微、虚拟小微。

创业小微是由海尔原有内部员工创立,从海尔集团内部孵化出来的小微公司,目前有 200 多家。这些创业小微是真正意义上的内创业,当海尔的员工有了好的创意和想法,就可以依靠海尔平台的支持,逐渐发展出独立的小微企业。互联网游戏公司雷神科技是海尔创业小微的佼佼者,目前已经登陆新三板。

转型小微是指由原有海尔事业部逐步转型出来的小微公司,如原有的洗冰空事业部转型,这类小微原来有固定的运营模式,也是与原有业务关联性最强的小微形式,涉及企业的核心业务。

生态小微则是在海尔创业平台上,供应商、投资人、内部员工等各相关方共同成立的小微公司,这也是海尔生态圈中最多的一类小微,超过 2000 家。

虚拟小微,是为海尔提供服务,但还未成立独立公司的原有部门,如提供技术源和技术转移服务的海尔开放创新平台 HOPE。海尔制定了动态合伙人制,员工可以入股和投资某一小微企业,有能力的可以走到小微上市,业绩不好的则需要离开,届时该员工的股份和在职期间的增值部分,海尔会退还给他。小微主可以来自海尔内部,也可以来自外部竞聘,这些创客需要和海尔签订对赌协议,只有达到一定的目标值才可以兑现股份。

海尔探索的创客制从根本上不同于管理层收购(MBO),因为创客合伙人并不持有海尔集团的股份,也就是说是创客制是在海尔集团集体所有制的基础上,以"人单合一,用户付薪"为原则,在激励机制上实现了很大的创新和突破,并极大地调动了创客的积极性。

除海尔集团外,国内其他企业也在积极实践全员创客制。

陕煤集团神南公司是一家专为煤炭生产企业提供专业化生产服务保障的公司,为激发全员的创新创业积极性,2016年启动实施全员创客制,力求在搭建创客平台、创造用户价值的过程中,实现企业"创值增盈"与员工个人价值的"双赢"。一是建立创客工作机构,由工会主席、总工程师任执行组组长,生产安监等专业部门负责人为成员、工会为"创客"办公室的"全员创客"组织工作机构;设立劳模(大师)创新工作室为总站、基层工会为分站,组建成立各专业各岗位工种兴趣创新小组,由职工担任不同岗位的创客组长,技术人员参加,吸收全员参与。二是实行"三个一"创客工作运行机制,给每个岗位研究制定12个有针对性的革新项目;每周组织对岗位的项目研究进展情况进行督导;每月要求各分站组织召开一次专题会,对当月创新项目进行讲评和指导。三是提供创客工作支持。聘请创新授课老师讲创新,配备有关技术资料书籍;对个人或分站难以独立完成的项目,由总站协调各分站成立课题小组,进行联合攻关。四是执行创客薪酬分配。每个人薪酬=岗位基本工资+岗位绩效薪酬+岗位创客创新薪酬+特别奖励薪酬;实行季度创客创新薪酬兑现制;原则上创客创新薪酬总额的70%用于兑现一线岗位创客。

内创业基金

设立专门的创业基金,也是许多企业推动内创业的常用做法。内创业基金的运作方式与外部风险投资相似,员工可以根据自己的创意提出创业计划,向公司申请基金支持,公司按照风险投资的规则对内创业项目进行投资。不同的是,内创业基金是企业专门设立的一种具有特定用途的预算资金,资助金额一般较小,在概念阶段就对项目进行投资,而外部风险投资的资金渠道来源广,且大多投资于发展期或者成熟期的项目。从这个意义上讲,内创业基金与天使投资更为相近,而且还有比天使投资更大的优势,就是可以利用母公司的筹资功能,依靠其丰富的管理经验、销售渠道、品牌优势等,为内创业项目提供增值服务。母公司会随着创业项目的进展情况,增加或者停止对内创业的再投资。

2015年2月,上汽集团为进一步挖掘集团2万多名科技人员的聪明才智,鼓励员工利用业余时间持续创新,成立了

"种子基金"，首期注入1亿元资金。具体工作机制是上汽集团总部及旗下业务公司的员工都可以申请项目；项目面向"电动化、网联化、智能化、共享化"；集团配备专家咨询、资金扶持和技术服务，并引入容错机制。种子基金成果转化已探索出三条途径：企业内部成果转让、市场化转让和创业孵化。经过20个月筛选和培育，2016年12月上汽集团的001号种子基金项目终于成立了创业公司——上海崴岚新能源汽车科技有限公司。001号项目是由上汽前瞻技术研究部黄永超团队基于新能源汽车动力平台开发的并网电源系统。目前，上汽种子基金已收到来自上汽集团所属27家单位的有效"种子创意"几百项。上汽基于种子基金项目，为国有企业面向互联网时代，如何激发内部员工创业与创新热情、整合内部技术创新资源、激发员工创新才智的平台，探索了可行的机制。

长虹希望其内创业主要由一线优秀员工参与推动。为此，长虹与宽带资本达成合作，共同发起规模为2.5亿元的创投基金，重点在信息家电产业链、新型智能终端、大数据、云计算、移动互联网、商业模式创新等领域扶持内部员工创业项目。长虹将内部员工创业运行分为三个阶段：第一阶段，由创投基金项目组牵头组织公司内外部资源对创业项目进行评审,创投基金项目组将提供一定的种子资金,对项目进行 3～6 个月的种子期孵化。第二阶段,创投基金项目组将结合创投基金的设立,与专业化团队共建孵化器公司和基金公司。第三阶段,针对进入成熟期的创业项目,通过社会化运行,在资金、产业政策获取、推荐上市等方面为创业公司获取最大的社会和经济价值。

中国联通于 2016 年启动了面向员工创新孵化的"沃创客"计划,重点支持产业互联网、大数据、云计算、物联网等领域的创新创业。联通公司内部员工以个人或团队名义提交创新孵化项目申请书,通过评审的项目可获得资金、资源支持和孵化服务,帮助员工从创意到产品成功转变。在资源支撑上,提供一定的扶持资金、办公环境、创新导师、内部资源以及专业培训、法律咨询等服务保障。在人员政策上,保留劳动关系、岗级、薪酬不变;孵化成功进行公司化独立运作的团队成员,在股权分配上,对适合独立运作的项目,由创投公司组织公司化运作,原则上由创业团队控股。"沃创客"计划开展两期以来,共征集项目 665 个,入围孵化 59 个,参与员工 142 位,覆盖分公司、子公司 27 个;已孵化成立 33 个公司,单个项目首轮最高融资 1500 万元。

创业大赛制

通过举办创业大赛，为公司员工搭建创新成果的展示平台和交流平台是推动内创业的重要方式。通过创业大赛层层筛选，具有潜在用户和市场前景的创业创新项目脱颖而出，为公司新业务成长积累项目群。

国际上，推行创业大赛制比较典型的是日本富士通。公司每半年组织一次创业大赛，大赛主要考核两项：一是员工个人是否具有创业素质；二是创业领域、计划书的可行性以及是否风险较小，收益稳定。富士通成立了专门的创业评定机构，那些被选上的员工，公司会给其投入创业基金。这笔钱被当成是以公司的资金入股，与员工的智力和技术共同新创公司，富士通在新公司所持的股份通常不会超过 50%。随即，公司与创业的员工解除劳动关系，但可以提供资源、业务、技术等方面的支持。

　　海油信科是一家中海油集团下属的以信息技术服务为主的子公司,2015年年底,该公司发起了一次低油价下如何拓展业务、寻找新的利润增长点的讨论。由基层员工发起的"北斗星基增强系统"项目,在公司支持下迅速立项,短短几个月便形成落地方案,这让海油信科意识到来自基层的创造潜力。于是,以"选人、选项目"为目标的创业大赛应运而生。起初,对于参赛项目的数量和质量,大赛组织者心里没底儿。但很快,来自基层的创意蜂拥而至。一个现场通信工程师一口气上报了12个项目。此外,创业大赛引发的连锁反应超出了组织方的预期,推动了海油信科管理模式的创新,它突破了以往公司管理层制定规划、贯彻实施、考核成效这一"自上而下"的单一模式,使员工由"被动执行"转变为"主动作为",并通过培训和指导将这些来自基层的灵感科学化、规范化、标准化。通过"双创"大赛层层筛选,具有潜在用户和市场前景的创业创新项目脱颖而出,形成了庞大的双创项目池。随着项目池的日益丰富和项目的逐步落地,这些来自基层的创意将自下而上地反哺公司,成为公司的重要业务。除了选拔项目外,创业大赛还成为选拔创新型人才的优质平台。由比赛发掘出的"双创"人才,将被优先推荐为公司杰出青年,并推荐加入公司外向型经济管理与开发组织。通过几年比赛的磨炼,培养出一批具有创新精神的员工,创新的文化也将逐渐根植于企业的基因中。

中环电子为激发集团内企事业单位科技人员的创新活力,促进科技成果转移转化,带动企业转型升级和提质增效,启动了创意创新大赛。首届大赛就吸引了新一代信息技术、大数据与云计算、人工智能与无人系统、物联网与新型智慧城市、智能终端与装备、新能源与新材料共6大类120余个项目参加。参赛范围以集团内部企事业单位为重点,面向部分高校和社会创业团队,包括项目征集、项目初选、赛前辅导、现场复赛、导师辅导、颁奖与投资对接、赛后孵化等阶段。通过创业大赛,融合集团企业及社会创新资源,实现资源汇聚、协同创新、多方共赢。

自由式创业

此类模式最大的特点是公司文化是创业型文化,公司给予内创业者自由和开放的空间。公司预留出余地,不去对员工的任何创新进行限制,并对内创业者给予各种资源的支持。

国际上自由式创业的典型例子就是美国明尼苏达矿业制造公司,简称3M公司。成立初期经营矿砂开采,转型制造砂纸后经过不断发明创新,发展成多元化的跨国公司。迄今为止,公司已发明上万种产品。公司最大的特点是重视创新,为员工创造了适合创新的环境和氛围,并建立了有效的激励机制。管理层指导公司创新的基本原则是绝不扼杀一个想法,无论这个想法有多么的困难或不切实际。每一名员工都可以去尝试不同的、有趣的项目,且不必向任何管理者报告,更无须管理者判断正当与否。创业员工可以向所在部门经理申请种子基金。如果遭到拒绝,还可以向其他部门的经理请求支持。如果还是拒绝,还可以向公司创业办公室申请创始基金。可以要求其他部门的同仁一起参与项目而这个新产品的发展团队将会包含技术工程、行销、生产、财务等人员,公司都全力支持,一旦获得认可,还可申请公司设立的基金,单独成立一个项目组进行产品的开发。

另一个自由式创业的典型代表就是谷歌。谷歌公司允许员工利用 20% 的工作时间或者五天工作日中的一天来研究自己感兴趣的项目，同时，员工把自己感兴趣的项目写成方案，让其他同事投票，争取进入当期的谷歌内部 Top100 项目列表，然后公司会给员工提供技术、资金、时间等支持。这种自由的内部创新创业模式，因为没有方向的限制，所以诞生了很多富有想象力、前瞻性的项目。从早期的语音服务，到当下的无人驾驶汽车、热气球网络、监测血糖的隐形眼镜等，让谷歌保持了创业公司般的活力，不断进入有着巨大增长潜力的前沿领域。

第五章
培育国企内创业家

国企是人才培养的黄埔军校,这句话有两个含义:如果国企用好了这些人才,他们就成为一笔财富;一旦国企用不好这些人才,他们中的一部分人就会离开成为"逃兵"——内创业恰恰是一种为国企人才提供新的发展空间和实现低成本留人的可行方式。然而,一个新的问题接踵而至:是不是那些有创新意识和创业冲动的国企员工都能成为合格的内创业家? 当然不是。国企人员虽然综合素质很高,但国企的超稳结构导致人员的惰性更强、风险规避意识更大。要让国企人才转变为一个合格的内创业者,绝非一朝一夕之事。用"三层漏斗"遴选合适的人,提供"四合一"的精准培训,让中高层管理者给内创业员工赋能,正是培育国企内创业家的规定动作。

用"三层漏斗"选人

国企员工内创业经常出现三种截然不同的情况:一是很多员工在一开始觉得自己能创业,其实能力远远不够;二是很多员工其实适合创业,他却没去做;三是有些并不该去创业的核心人员却去内创业了,给企业造成巨大损失。一位国企创投部负责任人对此深有感触:"企业发布内创业管理办法后,会有各种各样的员工来报名,我们必须用一种科学的方法找到最合适的那个人,既要避免不合适内创业的员工瞎折腾,也要让真正适合的员工去内创业。"

问题来了,怎么找?

国企可以用"三层漏斗"筛选对的人。"三层漏斗"是指用三层标准,逐层遴选既有意愿又有能力的真正适合内创业的员工,各层含义如下。

第一层:用"三分法"将员工分三类,找到潜在的内创业群体;

第二层:用"特征选择法"判断员工的创业潜质,选出内创业个体;

第三层:用"两级审批法"确保核心人才不流失。

经过上述三层遴选流程,就能找到那个既有能力又有意愿同时不会影响企业主业的内创业员工。

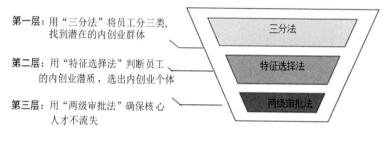

第一层:用"三分法"将员工分三类,找到潜在的内创业群体

第二层:用"特征选择法"判断员工的内创业潜质,选出内创业个体

第三层:用"两级审批法"确保核心人才不流失

三分法

特征选择法

两级审批法

图 5-1 国企内创业的三层漏斗筛选法

1."三分"员工

按照工作重要程度,可以将企业员工划分为三类:普通员工、次核心员工、核心员工。其中,对于部门发展很关键的核心员工如核心技术人员、核心运营人员,已经被委以重任、担任一定职务,离开原岗位去内创业的机会成本过大,领导一般不会同意他们内创业,而普通员工乐于求稳、缺乏创业想法和能力,也很难内创业。最适合内创业的是"次核心员

工"——那些与核心人员具有相同技术或管理能力但没占据相应位置、没有得到最佳施展机会和平台的人。虽然准核心人员对企业来说也很重要,但他们去内创业后不会对国企运营造成太大影响,其空缺可以在短时间内得到填补。

然而,国企核心人员并非都愿意按部就班,他们也分截然不同的两类:第一类是"求稳派",他们的性格和能力更适合科层制,喜欢国企体制带来的安全感和回报,愿意按目前轨迹稳步前进;第二类是"求新派",他们对科层制充满了抱怨,不愿接受管束,更喜欢开创一番事业,而不仅仅追求稳定的国企体制带来的回报。所以,第一类人会很稳当地在原来的岗位上工作,第二类人更想要企业给他提供一个开放的内创业平台。

在识别出次核心员工和有创业冲动的核心员工后,国企就要用"特征选择法"判断他的创业潜力到底有多大。

2.特征选人

一般来说,创客型员工有四个特征:

(1)有创业理想或野心;

(2)更想借助国企的丰富资源在内创业而不是出去独立

创业；

（3）有独特的专业能力、资源或创意；

（4）有较高的情商和较强的适应力。

当某个国企员工符合上述四个特征时，就可以认定为具备较强的创业潜力、适合在国企内创业。其中，第一和第二个特征用来衡量员工内创业的意愿强弱；第三和第四个特征用来衡量员工创业的能力高低。基于意愿强弱和能力高低，可以形成一个四象限判断图，见图5-2。

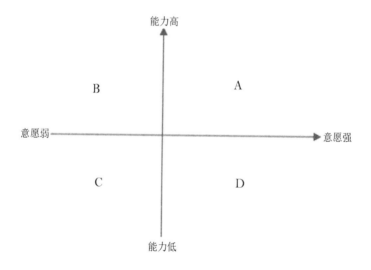

图5-2 员工内创业的"意愿-能力"四象限判断图

在图5-2中，A象限代表意愿强、能力强的员工，国企应该选择这类员工参与内创业;B象限代表能力强但意愿弱的员工,比如有些国企员工能力有余但无心在内创业,只想去外部独立创业;C象限代表意愿弱、能力也弱的员工,不适合内创业;D象限代表意愿强但能力不强的员工,很多国企员工有创业野心,但能力不够,同样不宜在内创业。

筛选后适合内创业的国企人员,一方面具有较强的创业意愿和能力,另一方面又想利用国企资源闯出一片天空。这样的人对国企体制有着深入理解,更容易在创业和国企间找到一个"平衡点",很多没有国企工作经验的外部创客则很难做到。除此之外还有一个重要步骤,对于那些即便适合也不能让他去做内创业的核心人员,国企必须慎重考虑,进行"两级"审批。

3."两级"审批

这是指对国企内创业人员,按照部门层级分成两级审批:所在部门审批和上级主管部门审批。

(1)所在部门审批:重点考虑内创业者所从事工作的可替代性,在本部门短期内找到合适替代人员的可能性和成本高低;

（2）上级主管部门（企业层面）审批：要进行多方面考虑，一是如果不批准内创业，核心人员离职创业对企业带来的负面影响（如成为竞争对手、带走核心机密或客户等），二是核心人员离职后短时间的可替代性，三是内创业项目是否符合企业未来战略发展方向或为产业链配套可能性等。

国企推动内创业往往流程规范、按部就班，但从实际操作效果来看，国企在筛选创业者上经常会出现各种问题：要么筛选标准不专业、不合理，要么根本没有考虑哪类员工能做哪类员工不能做，直到出现关键人才流失或创业失败率过高后，才开始思考这个关键问题。"三层漏斗法"恰恰为国企管理者提供了一种方法："'三分'员工"旨在建立一种员工的初步识别机制；"特征选人"提供了一种员工的精选标准；"'两级'审批"则建立了一种核心员工的"保护机制"。

事实上，除了"三层漏斗"方法外，还有国企采用"自然筛选法"，即先放手让所有人去尝试，再挑出那些经得起实践考验的人。某电信运营商就采用这种方式，公司创投部的内创业负责人说："我们鼓励内部员工创业的目的是营造一种氛围，让创业的人带动其他不创业的人，提升整个公司的活力。当然有很大一部分员工根本不适合创业，但他特别想试一试。所以,我们对申报员工没有做任何限制,放手让他干。他经历了内创业,就会明白,原来自己不适合创业,还是回去上班吧。"

这种放手让大家去试错的方法最终让企业在内创业这件事上"只赢不输":成功了皆大欢喜,公司和个人都受益;失败了也不会让企业伤筋动骨,个人还能提升自身能力,并带动其他员工的创新创业意识和"精气神"。但是,必须指出,这种方法主要适合于通过内创业调动员工活力的国企,而且如果实施不到位,可能会有较高的试错成本,企业对此要提前做到心中有数。

四合一的培训辅导

要让当惯了螺丝钉的国企员工转变为一名内创业家绝非易事,即便是有创业潜质的员工,一开始也很难达到创业要求。绝大多数员工需要通过系统的前期培训和专业辅导进一步认清自己、提升创业技巧和能力。所以,国企内创业的第一条并非让创业者上来就提交商业计划书,而一定要先培训辅导。

培训什么? 辅导哪些? 先来看看松下电器公司的做法。

松下电器公司为想通过书面审查和第一次面试的内创业候选人提供专业化培训,他们必须连续3个星期,从上午9点到下午5点接受包括经营学、会计学、企业案例等在内的顶尖"MBA训练"课程培训,晚上则参加"(Brushup)技能提升培训"活动,完善创业计划则要花费一个半月时间。

根据国企员工的情况和内创业的要求,需要从心态理念、创业技能、心理建设和模拟考察四个方面,在不同阶段对内创业者进行针对性和递进式的培训辅导,这就是"四合一"的内涵。

1.构建四合一的培训辅导体系

"心态与理念转变培训"的重点是让国企员工从打工仔心态转变为老板和创业者心态,扭转对创业和内创业的常识性认知偏差,具体可设置两门课程:《国企员工创业心态转变》和《国企内创业理念》。

"内创业技能培训"的重点是让国企员工熟悉当前的创

业套路,包括搭建内创业团队、制定战略规划、确立投融资与股权架构、落地组织运营、优化商业模式、学习商务沟通等多方面的基础知识和操作技巧,上述每项内容都可以设置一门课程。

"心理建设培训"的重点是让国企员工掌握创业减压和情绪管理的方法、营造适合团队发展的创业文化,正确应对创业失败,可设置三门课程:《国企创业者心理诊疗与情绪管理》《国企员工如何应对创业失败》《拓展训练与团队文化管理》。

"实地考察模拟辅导"的重点是让国企员工通过典型案例学习、现场考察企业做法、沙盘模拟等方式,增强对创业企业实际运营的实践认识。

国企在构建内创业培训课程体系时必须把握两条原则。

独特性原则:国企内创业有两个独特性,一是国企本身的独特性,二是内创业的独特性。所以,上述课程培训不是泛泛讲内创业,而是要讲清楚国企内创业的独特性。比如,内创业股权架构就涉及国企入股,既要满足国资委关于员工个人持股份额和入股方式的要求,又要实现对内创业者的有效激励,与外部独立创业不同。

实用性原则:国企首先要根据自身实际情况选择课程,课程并非越多越好。在培训前期应以内创业通识课程为主(心态与理念等),后期以内创业专业课程为主(技能与模拟等)。此外,内创业培训辅导必须结合课程讲述、BP 路演、企业考察、沙盘模拟、创业复盘等方式整体推进,解决实际问题而非摆花架子。

2.选择培训辅导落地方式

在培训辅导的具体实施上,国企通常有三种选择:

(1)完全委托型。即完全委托外部的专业化创业服务机构来做,比如天津一家传统行业央企就将前期创业辅导、创业大赛筹备等工作,打包交由北京的一家专业化孵化器。此外,北京的 2045 孵化器也专门为国企提供类似的培训辅导服务;

(2)内外结合型。即由企业内部和外部力量共同完成。西安光机所的培训辅导既有研究所内部光电集成领域的技术专家,也有外部投资人和产业、市场、法律专家;某化工集团与腾讯众创空间结合提供相关培训辅导服务;海尔大学创客学院定期请知名投资人和创业家为小微创业团队授课,提供情绪管理、财务专业知识等在线微课堂;科林电气聘请 15

名行业专家担任创业导师,涉及 IT、人力、法律、投融资、财税等领域,根据企业的共性与个性需求,对内创业团队实施全方位、有针对性的辅导。

(3)完全内部型。即由企业内部单独完成培训辅导,利用技术、产业、市场、投资、法律、财务等职能部门的专业人士,对内创业团队进行专业化培训辅导。

3.选择培训辅导的周期

培训辅导的周期和阶段选择对最终效果很重要,国企一般有三种选择。

(1)一次性学习。时间长度不超过一周,学习后就递交商业计划书开始创业;

(2)阶段性学习。针对不同主题分阶段培训,每阶段不超过 2 天,边创边学;

(3)机会性学习。选择外部公开课、创业论坛、创业路演等参加,甚至参加创业大赛,时间随需而定。

国企行事的规划性很强,所以通常以第一、第二种学习方式为主,但一定要结合第三种方式,充分利用社会上专业化的培训辅导资源。许多国企的内创业者在参加了外部的公开课或路演后,会对照自己发现的不足,对创业有一种全新的认识和态度。

● **案例:某企业的创业培训辅导**

某企业将员工分为两类:第一类是有创业能力但专业能力不足的人;第二类是专业能力强但创业能力不足的人。企业针对这两类人提供不同的培训辅导。

第一类主要是核心技术骨干。针对这类人,该公司打造了专业培训体系。这些人本来具有创业人的特质,比如坚持、专注,但对整个业务的逻辑体系不熟,企业就让这些人花时间去了解所有模块,从不同岗位慢慢熟悉整个业务,让他们自己觉得有了把握,才开始创业。

第二类人通常专业能力强,但管理能力、创业精神、人才培养、对外合作等都有所欠缺,对创业不了解。为此,企业建立了一个"创业人才发掘培训体系"。在接受完整的培训后,员工基本上会明白自己适合干什么。大部分人会觉得"我就适合在大公司里干",他们的规划就是如何一步一步做到管理层。有少数一部分人会发现"我适合自己去创业",他们就会进入内创业的流程。这个流程的要求很清楚:什么人可以参与创业,组建自己的团队,要有明确的方向和清晰的市场计划等。有了这些目标后,内创业者就可以把商业计划发给管委会。然后由管委会评估、路演、评审,路演过程中,内创业者要接受的大量挑战。

中高层赋能内创业者

要培育好的国企内创业家,除了精挑细选和前期培训辅导外,还需要企业中高层管理者为其赋能。这种赋能既包括高层分管领导的制度赋能、管理赋能和资源赋能,还包括各职能部门中层领导的专业化赋能。

1.企业高层分管领导的三项赋能

分管领导的主要职责就是帮助一把手落实内创业,从三方面为创业者赋能。

(1)制度赋能。制定内创业管理办法,指导创业服务部门工作;

(2)管理赋能。监督内创业进展,把控内创业节奏,协调企业各部门间的关系,化解矛盾和冲突;

(3)资源赋能。帮助内创业团队优化配置内部资源、对接外部资源。

正因为分管领导面对的是不确定性很高的内创业,同时还要跨部门协调各种关系,所以对分管领导的能力有两个特别要求:一是要有开放创新的思维,最好有过创业或创新管理的相关经历和经验,才能更好地把脉内创业的宏观发展方向;二是必须有较大权限,让分管领导有"尚方宝剑",才能真正有效调动企业内部资源和协调内部冲突,否则就会沦为一个虚职。

2.企业中层管理者的专业化赋能

中层管理者是国企各职能部门负责人。以前,他们为主业提供各种专业化资源和服务;现在,他们还要用自己部门的资源为内创业团队提供必要的支撑和保障,这就是专业化赋能。然而,由于内创业与传统主业的套路不同,有的事情还较敏感棘手,要求中层管理者有不一样的思路和方式。

具体来说,有八个职能部门至关重要,从而形成一张庞大的赋能网络。

(1)战略部门

国企发展战略部门通常负责企业战略规划制定和资源统一调配,是向内创业提供资源的起点,包括确定所提供资源的范围、类型、方式、数量、节点、程度等。一家国企高科技企业对旗下的一个内创业项目,第一年就给了上千万的亏损额度,让创业者可以大胆打造商业模式开拓市场,而不用过分担心短期利润回报。

(2)人事部门

内创业涉及一系列敏感问题:国企员工身份的转变,薪酬待遇的调整,激励制度的制定,失败后回归企业的方式等,若处理不好很可能会影响整个人才队伍的稳定。其中有三个问题很关键,也有相应的处理方法:

问题1:如何确定内创业者身份的转变?

通常以是否持股和是否独立化公司运营作为员工身份判断的依据。

问题2:如何给予内创业员工相应的薪酬?

通常采用分阶段模式,以身份是否是企业员工为主要依据。一般有两种方式:①只要是企业员工身份,直到独立成立公司前,都给予正常的薪酬、待遇和福利;②在前期孵化阶段只给予基本工资,到后期逐步减少,等独立成立公司后就停发工资,自负盈亏。

问题3:如何在创业失败后回归企业?

通常要承诺创业失败后有回归企业的可能,如优先申请和聘用、重新应聘等,一般都要确定回归的时间期限和方式。

例如,某钢铁集团规定,集团员工离岗进入双创基地创业的,原单位可以为其保留人事关系3年,参照其原岗位基本工资和岗位工资的一定比例支付工资、上缴相应各类社保基金,并且支付的工资不得低于北京市最低工资标准,具体数额由创业团队和所属单位协商。创业期间或3年创业期满后,依据创业员工个人意愿,原单位有重新接收劳动关系、参照原岗位安排工作的责任。中国电信内创业的"一孵"中,项目组成员的编制仍在原工作岗位,保留职务,拿原先的工资;成为"二孵"项目之后,将实行公司化运作,中国电信不再支付成本,等于自己给自己发工资,原有的电信公司职务和薪酬冻结并保留1~2年,到期之后可选择是否返回原单位。

(3)技术部门

国企拥有丰富的技术资源和全面的技术团队,能为内创业团队提供产品、工艺等多方面的技术支持,这对内创业团队来说是一个极其重要的条件保障。某知名装备制造业国企的研究院经常帮助创业团队解决液压、机械、智能制造等方面的技术难题,甚至为一个团队提供从研发改进、工艺改进、样机改进到定型的全程服务。大唐网络的做法是直接为入驻的创业团队提供底层技术模块,省去了创业团队前期技术开发的大量时间和资源投入。同时,还将公司技术人员与内创业团队安排在一个办公空间,出现技术问题随时沟通解决。中科院西安光机所则为内创业团队提供专业化的光电芯片检验检测设备和高清洁度的检测环境——这些专业设施设备非常昂贵,动辄上千万,创业团队很难支付得起。

(4)市场部门

内创业在起步阶段缺乏市场认同,订单有限。国企拥有雄厚的市场基础和较长的产业链条,通过采购内创业配套产品和服务的方式为创业团队提供订单,能让内创业团队专心打造产品和技术,从使用中发现问题并不断改进。华工科技签下了旗下一家内创业企业锐科激光两年90%的订单,边使用边反馈问题,帮助其完善产品,市场很快打开。所以,从这个角度看,订单赋能其实是国有企业为内创业团队提供的一种保护机制和宝贵的试错机会。

（5）生产部门

国企通常拥有完备的生产资源和专业的配套服务，能为内创业团队提供在生产制造、设备设施、专业人才方面高质量、低成本的资源和服务。沈阳机床厂向内创业者开放公司厂房和机床相关设施设备生产加工新产品，上海汽车集团允许每个种子项目利用公司设备进行创新创业研究，并配备至少3名相关领域专家提供咨询建议。

（6）法务部门

国企内创业涉及若干内创业团队与国企间责权利界定的法务问题，如知识产权归属、国有资产流失、创业投资协议、股权架构设定等。此时，既要守住国有资产管理的一般底线，又要采用灵活的方式突破束缚、激发创业者积极性，将国企利益与内创业利益有机结合起来。以知识产权归属这个敏感问题为例，来看看上汽集团和中国钢研科技集团两家企业是怎么解决的。

上汽集团种子基金001号项目的创始团队要单独成立公司，其所使用的核心技术属于职务发明，所有权归上汽集团所有，上汽集团会同创业团队委托有资质的第三方机构对相关知识产权进行评估。内创业团队成立的独立公司三年之内向上汽集团一次性购买上述知识产权,在此之前上汽集团将上述知识产权以每月收取一定费用许可给该内创业公司使用。某钢铁科技集团规定,对涉及原有科研成果和专有技术等进行产业化转化的双创项目,经过成果和技术权属单位同意,双方签署"知识产权使用协议"。

(7)财务部门

国企内创业需要处理好一系列财务问题,其中既有国企资源和技术折价入股、创业资金规划与支持、创业公司产品配套采购定价等专业问题,也有创业团队票据报销等日常工作。国企财务部门首先要熟悉创业套路,提升与创业有关的财务专业能力;其次要简化相关财务流程、提高效率,为创业团队争取时间;最后还要守住底线,防止出现违反财务规定和财务纪律的问题。比如,创业公司在报销时往往随意性较强,此时由企业财务部门把关,可以避免很多不必要的麻烦,这点对国企尤其重要。一位国企的内创业者就说:"我们的客户把款打过来两周了,企业财务发票还没开出来。本来挺郁闷,但换一个角度想,虽然企业财务管得死、效率也不高,但等于是帮我们把关了,不会出事"。

（8）创投部门

创投部门在内创业中是一个很特别的存在，主要职责有三个：一是通过成立内部创投基金，筛选好的内创业项目进行投资；二是进行投后项目管理和辅导；三是对接外部投资人和专业导师。有的创投部门的职责范围更大，如某电信运营商就是由创投部来负责整个内创业的运营和管理；三一众创空间也归口在投资部门，并由一名集团副总担任总经理。

这其中有一个创投部门经常遇到且不好解决的问题：究竟怎样让聘请的外部创业导师真正发挥作用？某企业创投部副总专门就此做了一次调查，问题是"到底给创业导师钱还是股份，怎样最好？"调查结果是股份——创业项目成立公司后，给导师1～3个点最好。因为如果给这些外部创业导师钱，很难有硬性的考核机制，会有出工不出力的情况；但如果给了他股份，这些外部导师就会有动力去帮助内创业团队。导师的工作并不是天天辅导创业者，也就是一两周见团队一次，聊聊项目进展、把把脉、介绍一些可能的投资、技术和商务关系，还能提供一些专业性的财务咨询（FA：Financial Advisor）。

需要说明，上述七个部门通常是作为一个整体协同作战,为内创业提供全面的资源支持和专业化服务。上海汽车集团就是由技术管理部门牵头,上汽创投、财务部、合法部、人力资源部、信息部等部门指派专人组成工作组,代表集团推动内创业。见表5—2。

表5—2 上汽集团"种子基金"的支持部门

部门	成立阶段	运行阶段
技管部	制定管理办法	组织咨询与立项,协调支持,成果推广
上汽创投	设立基金	项目日常运营,项目与资金管理,后续投资
财务部	委托贷款	资金支持
信息部	设立信息平台	平台运行管理
合法部	知识产权归属界定	制定相关合约
人力资源部	指定激励办法	物质与荣誉激励

资料来源:根据上汽集团提供资料整理(2018)。

第六章
用活内外资源

国企做内创业最大的优势就是拥有丰富的内外部资源。然而,经常出现的情况是国企长年积累的产业链资源并没有真正为内创业所用。怎样既把多年积累的丰富资源拿出来支持内创业,又尽量减少对国企主业的影响? 到底在什么时间、提供什么样的资源,提供多少资源? 不同类型的资源在提供时应该遵循哪些技巧? 如何在资源提供过程中协调好利益相关部门和创业者的关系? 如果这些问题处理不当,不但不能让国企丰富的资源发挥效用,反倒可能对内创业产生负面影响。本章提出一些操作原则和方法,让国企避免内创业资源配置过程中的"坑",用活内外部资源。

遵循四个准则

很多国企发现自己为内创业团队提供了宝贵资源,创业团队却觉得没帮到点子上,供需之间明显不匹配。背后的原因很简单:一方面内创业者对国企资源抱有过高期望,另一方面国企在向创业团队提供资源方面不专业,导致出现五个认知偏差。

第一个偏差是内创业者以为企业什么资源都能提供。很多内创业者说:"我开始以为能得到国有企业足够的市场和生产资源支持,甚至拿到企业订单,后来发现这个想法有点天真。"

第二个偏差是内创业者以为资源轻易就能拿到手。很多创业者认为企业的资源会无条件奉送,操作起来却发现要拿到国企资源很不容易,要满足相应的条件、有一定的门槛。

第三个偏差是企业以为所有资源只靠自己投入就行。不少国企在推动内创业时较为封闭,过分相信自己的力量,最后发现很多资源自己没有,内外资源失衡严重。

第四个偏差是企业以为只要提供通用性服务就行。不少国企只为创业团队提供一些通用孵化服务,如办公空间,水电气网络,财务、商务、法务等,而很少提供专业的产业链资源。其实并不是没有资源,而是一开始就缺乏资源规划,难以满足创业者在不同阶段的资源要求。

第五个偏差是企业以为给内创业配置资源越多越好。很多国企困惑于该给内创业配置多少资源,都说要在主业和内创业之间找到一个平衡点,但具体平衡点是什么却不知道。

要纠正上述认知偏差,就要遵循国企内创业资源配置的四大准则。

准则一:创业者以利用企业关键资源为核心准则

创业者获取国企资源时要把握两种心态。一是不要奢望太多,国企能让你不从零开始创业就已经帮了很大忙。例如,国企一开始让你用它的品牌,就是用企业长年积累的无形资产来增强市场对你的信任,这已经比外部创业者幸运得多。二是创业者不要想什么资源都拿到,最重要的是获取国企内部专业的产业链资源,比如关键技术支持、代工厂或经销商渠道,甚至是企业订单或客户数据等,因为这些正是创业后期的"瓶颈"所在。

内创业者要拿到国企提供的专业资源,必须付出一定的成本。没有哪个部门会心甘情愿把自己的核心资源奉献出来,而且国企内部资源的使用往往比民营企业有更多的规范程序和条条框框。一位从事大数据信用评价的国企内创业者就说:"既然我们想免费拿到企业多年积累的客户数据,那企业给我们设置一定的使用条件也很正常,甚至在很多时候大企业的作风跟我们创业公司完全相反,但这些都是小事,忍忍就过去了。"

准则二:国企遵循资源的专业化分类和分阶段提供准则

首先,创业者不仅需要一些基础条件,如办公空间,法务、财务、商务等服务,更需要专业资源如技术、生产、市场、资本、知识产权、资质申请等。国企的专业资源往往分散在多个部门手中,类型众多、获取难易程度不同。因此,国企一开始要按资源对创业者的价值大小进行专业化分类,并从财务角度进行估算和统筹。这么做的目的只有一个:按照创业规律,提供创业者最需要的专业化资源,提高资源利用效率、降低创业风险。

其次,内创业有生命周期,从开始到结束的不同阶段需要匹配不同类型和强度的资源。比如,研发前端项目、最小可用产品、原型、小试中试项目、规模扩张项目在时间上就有不同梯次的资源分布需求。越到后期,创业者对产业链资源的要求越高。所以,国企提供资源时要把握两点:一是从"平均发力"到"重点发力",针对重点环节提供关键资源;二是从"撒胡椒面"到"精准服务",针对不同阶段需求提供精准服务。

准则三:国企遵循内外资源联动准则

国企为创业者提供的资源中,一部分来自内部,还有一部分来自外部。内外部资源的协同联动才是支持内创业的正确方式。现在的创业是一种开放式、生态化创业,需要开放企业边界、优化内外资源。国企虽然自身资源丰富,但并不全面,同质性也过强,必须从外部获取创业运营、市场、投资、诊断、协会等资源。比如,外部创投机构在内创业项目审核阶段提供的专业化建议以及投后管理,恰恰是国企最欠缺的。在很多情况下,国企还需要借助大学科研院所和上下游供应商、行业协会提供相关资源。

准则四:国企遵循资源分配的"杠铃"策略

国企究竟要投入多少资源给内创业,最恰当的比例是多少？通常来说,国企采用"杠铃策略"部署内创业会更加稳妥:将80％～90％的资源用于持续发展现有主导技术和产品,10％～20％的资源用于内创业试错。这里面又分两种情况:一是对打造众创空间、推动内创业的国企来说,应该采用定点集中配置资源的方式;二是营造宽松创新创业文化、推动内创业的国企来说,则宜采取分散配置资源的方式。

调配好"内外资源包"

国企一方面拥有种类繁多的人、财、物等内部资源,另一方面还链接着大量外部资源。要想精准和高效地提供内创业资源,就要把众多内外部资源调配成一个"资源包"。所谓资源包,就是由国企提供的、能让内创业团队清楚知道自己能获取资源类型和程度的一个集合。要提供这个"内外资源包",国企需要通过事前规划列出资源清单,根据重要性、提供难度划分为三类资源从而形成"资源包",再按内创业不同阶段加以分配。提供资源包的价值在于两方面:一是让国企在为内创业提供资源时做到心中有数、提前规划;二是不少国企将资源包作为后期折价入股的必要条件,资源包的提前规划和提供就显得更加重要。

1.列出国企资源清单

通常来说,国企可提供的内创业资源有 15 类,这些资源要么由内部各职能部门提供,要么由国企联合外部机构提供。

(1)办公空间及水电气网络服务;

(2)商务、法务、财务与税务服务;

(3)创业培训服务;

(4)启动资金与投融资服务;

(5)技术服务、诊断和支持(研发、中试、检验检测等);

(6)公关宣传资源;

(7)战略咨询;

(8)运营诊断;

(9)政策资源(政策解读培训、申报通道、推荐项目);

(10)生产加工资源;

(11)产业链上下游资源(代工厂、经销商、供应商等);

(12)企业订单与对接外部市场;

(13)创业所需的各类信息与数据(如客户数据);

(14)品牌背书;

(15)特殊资质申请(如特种设备生产资质等)。

国企联合外部机构获取创业资源,需要把握几个关键点。一是缺什么补什么,尤其是国企自己不专业、不擅长或没必要重复建设的资源,比如外部创业导师资源、外部投资人,某些配套技术资源、孵化器等。二是通过直接纳入、短期合作等方式形成内外资源联合体。比如中国西电集团的众创空间就聘请了外部相关技术专家、企业家、投资人和优秀创客等担任创业导师,与投融资机构为优质项目共建"联合孵化平台";某先进技术研究院聘请35位大学科技项目带头人、知名企业家、知名专业人士作为创业导师和企业辅导员,建立"创业导师－企业辅导员－企业联络员"的三级专业孵化服务体系。

2.将资源划分为三类

按照资源的重要程度和提供难度,企业可以将上述资源划分为三类:基础资源、专业资源、核心资源。

（1）**基础资源**就是启动内创业所需的必要资源，包括办公空间、启动资金、商务、法务、财务服务等。某化工集团与腾讯众创空间合作共建化工新材料专业化众创空间，提供的空间资源如下：一期占地 5000 平方米，分为接待展示区、咖啡休闲区、开放式办公区、独立办公区、会议功能区等 5 部分；共有开放式工位 128 个，独立工作室 20 间，可满足 300 人以上同时办公；杭州海康威视累计聘请创新创业导师超过百位为创新创业团队提供咨询服务。国企提供这类资源的难度较低，可以看作"规定动作"。

（2）**专业资源**是为创业者提供的专业化服务，比如产业趋势预测、战略咨询、业务诊断、技术支持、培训、融资、检验检测、资质申请等。某化工集团为内部小创团队开放共享国家级技术中心和市级技术中心专业化资源，同时开放科研设检测设施小试中试平台；中科院西安光机所为内创业企业提供光电子集成领域的战略咨询、技术诊断、高清洁度的光电子芯片检验环境及设备、融资服务等；中科芯集成电路股份有限公司配备"产品经理＋支撑体系"精准服务，提供研发和运营支持；某电气行业国企为其内创业团队提供中试生产线、沙尘试验与太阳辐射设备检测平台、智能电网设备检测平台、电磁兼容电气安全及结构专业化技术支撑等专业化服务。国企提供给这类资源的难度居中,要根据情况选择性提供,可以看作"半自选动作"。

(3)核心资源是为创业者提供市场订单、生产制造、知识产权、客户数据、品牌背书等产业链核心资源,也是内创业团队最需要和最看重的。华工科技"光造空间"孵化的锐科激光是我国首家专门从事光纤激光器及核心器件研发和规模化生产的企业,早期光纤激光器工业化应用不成熟,市场客户认可度较低,华工科技就签下两年包销90%的订单,边使用边反馈问题,帮助锐科完善产品,市场很快打开;为保护知识产权,光造空间平台代理机构为锐科激光量身订制专属专利战略服务;2016年,光造空间为锐科激光全程辅导的国内第一部光纤激光器行业标准《光纤激光器行业标准》正式发布;海康威视建立的国家级企业技术中心、国家博士后科研工作站等研发平台、检测中心、智能制造基地、AI Cloud 开放平台,提供高速示波器、自动视频系统测试仪、矢量网络分析仪等研发设备、生产检测、研究数据、技术资源共享和合作对接等服务。

国企提供这类资源的难度最大,因为涉及部门利益和部门间协调,要审慎决策是否提供、提供多少,可以看作"自选动作"。

3.形成"资源包",分阶段按需配置

先来看一些国企形成的"资源包"。

大唐网络提供的"资源包"有三类资源:第一类是常规孵化资源;第二类是技术资源,大唐网络提供移动互联网技术底层模块,创业团队主要提供创意,并根据创意选用相应的技术模块;第三类是数据资源,是大唐网络为创业团队提供的特定民生行业(如教育、健康、运动)的大数据。其中,技术资源和数据资源是内创业者在早期急需但通过自己的力量无法获取的稀缺资源。

航天科工二院 206 所打造了"原点智能产品生态链开放平台",该平台提供的"资源包"有四类资源:第一类是硬件资源,配备仪器设备和实验条件;第二类是人才资源,院士专家为创业团队提供在技术攻关和孵化全程的专业指导;第三类是产业链资源,提供供应链、工业设计、品牌、渠道、品质控制等方面的资源;第四类是资金奖励资源,按创业产品实际绩效给予奖金和专项活动经费,并在上级和 206 所各类评先评

优中向青年创新工作室成员倾斜。

郑州宇通的内创业旨在推动集团内部员工创业与集团技术多场景应用的结合。它提供五类资源:第一类是众创空间开放集团研发检测、生产加工等硬件设备以及 T 系统和软件资源;第二类是搭建内部用于技术改善、流程优化的线上创新平台;第三类是组建由 10 多名集团和外部知名企业的高管、技术人员组成的导师团;第四类是成立规模 1 亿元的创业基金并可通过集团向创客开放;第五类是面向创客开放集团大规模按需生产研发制造能力及市场渠道等。

国企的"内外资源包"通常不会一次性全部给创业者,因为创业团队在不同阶段所需的资源不同。这就要求国企分阶段按需提供差异化资源。具体有两种方式:

一是在不同阶段提供不同种资源。比如在项目孵化阶段以提供基础类资源为主,包括孵化资金,办公空间,商务、法务、财务、培训服务等;项目成长阶段以提供专业化资源为主,像产业趋势预测服务、战略咨询和诊断服务、技术服务、融资服务、检验检测服务等;在项目成熟阶段,应该以提供数据、市场、生产和品牌等产业链资源为主。

二是在不同阶段提供同种资源。比如大连集成电路专业化众创空间投融资方面三众投资有限公司签订了合作协议,针对内创业企业的不同阶段,提供不同类型的专业化基金支持。该众创空间还与招商银行、工商银行、建设银行、武岳峰资本、大连鑫达投资等机构建立了合作关系为企业解决不同阶段的投融资相关问题。

以上所述,只是一个基本原则,实际操作中究竟是全程提供资源,还是只在某些阶段提供,需要国企根据实际情况"有弹性"地动态匹配,切勿乱拉郎配、错配资源。

灵活提供四类关键资源

技术、资金、生产、市场这四类资源对内创业至关重要,即便是同一类资源也有多种提供方式,见表6-1。国企要根据自身能力和资源类型,选择恰当的提供方式。

表 6-1　四类重要资源的提供方式

技　术	资　金	生产制造	市　场
1.技术预见服务	1.自有资金	1.免费或低价租赁使用设施设备	1.提供创业成果转化路径
2.研发资源	2.创投基金	2.设备的提成使用	2.直接提供市场订单
3.技术诊断咨询	3.对接外部资金	3.提供生产制造从业资质	3.提供市场与客户数据
4.技术转移人才对接	4.混合方式	4.对接代工企业	
5.知识产权与技术标准			

资料来源:作者编制(2018)。

1.技术资源

国企可以通过五种方式向内创业团队提供技术资源。

方式一:提供技术预见服务。这是指国企为内创业团队提供某一领域技术最新进展和发展趋势的专业服务。这要求国企具有很强的专业技术积累和研发能力。大唐网络、中科院先进制造研究院等都为创客们提供技术预见类服务。

方式二:提供研发硬件、设备与实验室资源。为了给旗下做光电子集成芯片的内创业团队提供专业的超净车间、检验检测服务和研发生产封装的全套芯片生产设备,中科院西安光机所下的中科创星专门花 1.3 亿元,将以前做 LED 的中国台湾丽华厂整体买了下来,保留了很多原厂职工,让他们为创业团队提供专业化的厂务服务。某国企为内创业团队提供中试生产线,其中的电子生产线占地5000平方米,具有专业的防静电、防尘设计,提供从SMT贴装、TMT焊接、质量检验、性能测试、三防喷涂、夹具制作等,整套生产工艺自动化的加工,能满足入驻企业各类高中档电子产品的加工技术要求。

方式三:提供技术诊断与咨询服务。这是指国企利用自身技术能力,为内创业团队解决创业过程中遇到的技术难题,是常见的技术资源提供方式。某制造业国企在智能硬件创业团队只有一套研发图纸而没有其他东西的情况下,为其提供了研发工艺改进、样机制作和产品定型的全程技术咨询和支持;武汉智能装备工业技术研究院有限公司为创业团队搭建仪器设备共享平台、智能工厂验证平台、研发创新平台、制造中心平台,为入驻团队提供研发、中试、首台套设备测试等服务。

方式四:提供技术转移和人才对接服务。这是指国企为需要某项技术的内创业团队从全球范围内寻找合适的技术来源与技术人才。例如,华工科技孵化的高科技初创企业锐科激光,一开始只有创始人闫大鹏一位海归技术专家,3个月时间内,华工科技为其配齐了技术生产团队,半年内实现投产,目前该企业已成为专门从事光纤激光器及核心器件研发和规模化生产的企业。

方式五:提供知识产权与标准服务。这是指国企为内创业团队提供知识产权与行业标准等方面的辅导与服务。华工科技为孵化的若干家高科技初创企业提供知识产权服务,例如光造空间平台代理机构为锐科激光量身订制专属专利战略服务,2016 年光造空间为锐科激光全程辅导的国内第一部光纤激光器行业标准《光纤激光器行业标准》正式发布。

2.资金资源

国企可以通过五种方式向内创业提供资金:

方式一:提供自有资金。某电信运营内创业计划规定,每个内创业团队(3 人起)首期获得 5 万元至 10 万元初期投资,创业期为 2 年;上海汽车集团分别为进入"创意完善阶段"和"种子培育阶段"的内创业团队提供不超过 5 万元/项和 50 万元/项的资助。

方式二:创投基金投入。某化工集团设立 2000 万元创新创业种子资金,向内创业团队择优提供资金扶持;武汉智能装备工业技术研究院有限公司设立 500 万元天使投资资金,培育和挖掘具有高成长潜力的项目团队和初创企业;中国钢研设立了 5000 万元的创新创业基金,建成由股权型创新基金、成果份额型创新基金、青年创新基金、产业并购基金构成的基金体系。2016 年集团公司成果份额持有型创新基金支持 6 个项目 949 万元,第一次启动面向青年科技工作者的青年创新基金,并支持 25 个项目 490 万元。

方式三:对接外部资金。大多数企业会对接外部投资人和投资机构,针对不同项目提供一定比例的股份供其进入。由天津航空产业开发有限公司负责运营的民航专业孵化服务平台设立了 300 万元的众创空间种子基金,引进 3 家投融资机构为创业项目提供资金支持。

方式四:混合方式。多数国企综合应用上述手段为内创业提供资金。

当前,内外混合的资金提供方式已成为当前国企内创业投融资的标配。对那些通过电信内部阶段考核的创业团队,天翼创投会在适当的阶段为内创业团队提供 A 轮或 B 轮投资,其中不仅电信自己会出钱,孵化项目和初创公司也会引入外部资本,双方共同孵化。外部创投机构会深度参与企业内创业,有的企业甚至是专门邀请创投机构参加或企业规定创业者必须找到外部投资人才能往下进行。

3.生产制造资源

国企不仅拥有大量的生产制造资源,如厂房、生产线、专业化设施、检验检测设备等,还有大量产业链上游配套企业,如代工厂、供应商等,可以通过五种方式向内创业提供生产制造资源。

方式一:免费或低价租赁使用设施设备。上汽集团规定,员工可以在非脱产时间,利用公司设备进行创新研究。中科院西安光机所联合其他单位买下了以前做LED的中国台湾丽华厂,购入了19台二手光电子芯片检验检测设备,以极低的价格将专业级的超净车间、检验检测设备和研发生产封装的全套芯片生产设备,租赁给中科创星孵化平台上的光电集成类创业企业,大大降低了内创业成本,提升了内部孵化效率。

方式二:设备的提成使用。沈阳机床厂针对内创业团队利用厂内机床生产的产品,根据使用过程中的物料消耗、能源消耗、平台支持等,按贡献比例即时分享收益,机床开机时

135

间、订单完成情况、成本核算、价值分配都由沈阳机床ISESOL工业云平台进行精准核算和技术支持。这样一种"精准提成"方式,只有在生产某个件时才发生费用,如果创业团队不生产则不产生费用。

方式三:提供生产制造的从业资质。申请所在行业的专业资质经常是困扰内创业团队的一个问题,因为一般团队成立时间短、能力有限,很难申请成功。此时由母公司出面申请,可以帮助解决这个问题。例如,入驻三一众创空间的某个智能设备创业团队,研发的智能提车属于特种装备,就是由三一重工利用自身资源帮助它申请到特种装备生产资质。

方式四:对接代工企业。武汉光谷航天三江激光产业技术研究院有限公司充分利用航天科工内部兄弟单位配套资源,帮助创业团队解决物资采购、外协设计、生产加工等问题。

现实中,国企在提供生产资源时有个棘手问题要解决:如何协调创业团队和生产部门之间的冲突?具体来说,生产部门往往不熟悉创业团队的新产品,而且生产规模较小,难以达到大规模生产要求。更关键的是如何让生产部门有动力愿意为创业者服务:一个以前制造热水器的部门要为创业团队做电饭煲,不仅会影响原来主业生产,还会影响实际收益,这种利益分配机制应该怎么设计?

解决这个问题有两种方式:一是靠行政命令,虽然能落地,但长此以往很可能出现磨洋工、出工不出力的情况;二是靠利益机制,包括分红、补贴等。某机械设备制造商探索了一种新方式:在主营业务的生产部门,成立一个 6～10 人的小班组,由企业孵化器给予这个班组每年 50 万元～60 万元的利润补贴。这个班组平时做主业,但需要接受孵化器的指导,有创业项目任务时就做创业团队的工作,形成了一种机动灵活的"二元生产模式"。

4.市场资源

方式一:提供创业成果转化路径。内创业成果转移转化是衡量内创业是否成功的标准之一。中国联通"沃创客计划"一期入孵的 35 个项目中,有 10 个项目的孵化成果应用到公司内部,成功纳入联通大网生产体系。上海汽车集团主要采用"对内转化"和"对外转让"两种方式对接上汽自身产业链资源。对内转化是指内创业成果主要为所在的子公司服务;对外转让是指在上汽集团范围内进行的创业成果转让。

像 006 号种子项目开发的人工智能算法,已经应用于上汽旗下的安吉物流公司;007 号种子开发的多功能座椅,计划搭载在上汽的自主品牌汽车上。这两种方式让内创业成果都留在集团内部,当然要做到这点,必须满足一定的前提条件——上汽集团的体量已经足够大,完全可以吸收内创业的各项成果。

方式二:直接提供市场订单。某制造业企业对一个技术潜力很大的创业团队分析后,决定给它导入连续两年、每年千万级的订单资源,这个做法让原来年销售收入只有 500 万元的团队一下翻了好几倍,这让它能集中精力投入到更高端的新产品研发中;华工科技采用了同样的方法,向旗下一家名为锐科激光的内创业企业预订两年 90% 的订单,通过"干中学"边使用边反馈问题,帮助其完善产品,使市场很快打开。

方式三:充当数据中介,提供市场与客户数据。某国企基于与某部委深入合作的机会,获取相关行业数据,进而提供给内创业团队使用,大大降低了创业团队获取数据的成本。

第七章
善用激励组合

　　"无激励、不创业"是每个人都知道的常识，国企的内创业也不例外——如果内创业对大家都没有好处，就没人会干。然而，国企的激励又受到国资各项规定的约束。如何在戴着"镣铐"的情况下找到最恰当的内创业激励方式，对国企领导来说是一个考验，前提是确立不同于传统的激励评价导向。实践中，不同行业、不同类型、有着不同内创业目标的国企采用的激励方式各有不同，往往是多种激励方式并行，形成一种"混合型激励"。谁善用激励组合，谁就能最大程度调动员工活力，让内创业在国企落地生根、开花结果。

确立激励评价导向

众所周知,国企激励有几个"天花板":一是工资总额制即通常所说的限薪制,创业所得算不算在工资范畴内;二是在混合所有制改革中,管理层持股、员工持股的比例最高30％,单一员工持股比例原则上不高于公司总股本的1％,这让内创业者无法充分体现自身价值;三是知识产权属职务发明,若处理不当激励不足,会严重影响创业核心技术团队的积极性。此外,国企考核还有一条红线,就是不能造成国有资产流失,而要保值增值。

内创业激励如何突破国企现有的激励困境呢?

评价考核是一切行动的指挥棒。在刚性约束下,国企想通过灵活的激励既推动内创业,又降低系统性风险,首先要确立五条激励评价导向。

第一,坚持做增量。国企有大量存量资产,如果用内创业的方式去改造存量资产和传统业务,可能会造成国有资产流失,团队和个人持股比例也难以突破。面对这种情况,国企可以将现有资产打造成创业平台,鼓励国企内部员工、外部创客成立创业团队,以市场化方式承包、租赁、经营部分存量资产,获得的创业增量效益则以市场化原则在双方之间进行分配,突破所谓员工持股上限和个人持股上限。

第二,把握长期评价原则。国企对内创业的考核评价,不应以短期的单个创业项目为对象,而应以长期的内创业项目群整体来考察。一般而言,创业项目需要 3 年以上才能成型,而单个项目的失败概率高,所以应该把整个项目群的回报率作为重要指标,坚持从长期而非短期、从项目群而非单个项目方面进行评价。

第三,灵活入股原则。对国企来说,要降低内创业投资风险,可以利用自身的丰富资源,既可以用现金投入的方式,也可以用资源/服务/订单折价入股方式在内创业团队中占股。对个人来说,也要尽量避免空手套白狼的情况出现,而要以现金或技术折价入股方式在内创业团队中占股。

第四,管理转型原则。在国企内部,不仅业务部门可以建立创业平台,职能部门也可以从管理控制转型为服务创业。这样,不仅能使国有资产保值增值,也能让职能部门和员工从中获得创业带来的成长机会和成就感。

第五,激励组合原则。内创业有多种激励方式,既有股权激励也有分红,既有内部奖励也有文化激励。这些激励方式有不同的应用场景和目的,国企要根据自己内创业的特点和需要将不同激励方式组合起来,推动内创业顺利开展。

混合型激励是关键

国企内创业主要有四种激励方式:股权激励、分红激励、内部奖励、文化激励。实践中,很多国企同时使用多种激励方式,从而形成一种混合型激励方式。

1.股权激励

股权激励是最常见的内创业激励方式,即内创业者和国企在其中各自占股,退出时根据各自股权变现,这是一种有限合伙制架构设计。在有限合伙制模式下,创业公司独立运作,国企出资、出资源,双方责权利和产权都相对清晰。

在出资方式上,除了传统的资金投资占股方式,国企还可以通过科技成果、订单、品牌或资源服务折价入股等方式成为合伙人。大唐网络总裁兼首席执行官杨勇就说:"与资金投资相比,大唐网络孵化的项目是通过技术经验投资,向创业者提供技术支撑进而占股,风险更小。这种投入是一种无形资本,而且是有边际效应的,创业项目足够多的话,边际成本可能为零。这意味着创业者的项目失败了,我们损失很小,但赢了就会获利很多。"

不同国企在股权激励上的做法有所不同。某化工集团内部共有 100 余名科技人员申请入驻众创空间,成立 40 个项目团队,经过一年的孵化培育入股成立了 15 家小创公司。其中,科技骨干在小创公司中占有 12%～60% 的股份,实投资本共 1810 万元,员工入股 505 万元,注册资金全部实缴到位。海康威视推出《核心员工跟投创新业务管理办法》,规定海康威视下的创新业务子公司,海康威视持有 60% 的股权,保持控股地位,合伙企业跟投 40% 的股权,将股东利益、公司利益和员工个人利益有机结合,实现从核心员工、职业经理人向合伙人转变的机制。该激励方案的通过,突破了原来国有企业员工激励的限制,成为市场化竞争国企改革创新的重

要试点,成功孵化 6 个内部创新业务并设立创业公司,投资
了联芸科技、森思泰克等一批产业链上下游企业。

2.分红激励

除了股权激励外,基于创业团队收益的分红是另一种常
见的激励方式。比如,中科院对联想早期实施特殊的分红政
策,允许柳传志和全体联想员工分享联想利润的 35%,推动
了联想快速成长。

国企在分红激励方面还有一些其他做法。沈阳机床股
份有限公司中的每个创业团队就相当于一个小型的混合所
有制企业,由企业双创基金和员工出资组建,利用公司厂房
和设施设备进行创业。以兰海波团队生产的电机座为例,按
照市场价格 313 元计算,扣除材料成本 57 元后,增值的 256
元将由员工劳动、员工投入资本、员工知识和加工设备、场地
租赁、物料消耗、能源消耗、平台支持等要素,按贡献比例即
时分享。工人不再只拿劳动收入,还有资本收入和智慧劳动
收入。而机床开机时间、订单完成情况、成本核算、价值分配
都由沈阳机床 ISESOL 工业云平台进行精准核算和技术
支持。

上汽集团对从事"种子基金"创业项目的员工给予项目收益提成。2018年6月22日,上汽集团给3个项目颁发"种子基金"首批331万元收益共享奖金。3个"种子基金"项目通过对项目收益提成,与企业共享创新成果;006号种子项目为"上汽人工智能实验室"奠定了研发及人才基础;007号和017号种子项目的成果都在乘用车公司自主品牌车型上得到应用,提升上汽集团自主品牌美誉度。

3.内部奖励

这是指通过对创业团队给予各种形式的精神和物质奖励来推动内创业的方式,不少国企偏爱采用这种激励方式。具体有几种方式。

第一种是精神奖励和物质奖励并重。航天科工二院206所把内创业与传统的内部奖励结合起来,当"青年创新工作室"孵化出创新项目和产品时,按照基于实际绩效的激励制度给予相应的奖金激励和专项活动资金,同时在上级和206所各类评先评优中向青年创新工作室及其成员倾斜。

第二种是与科技成果转化密切相关的奖励方式。某化工集团提出"最先一公里"的奖励:科技创新成果转让净收益

50％奖励科研团队;位于天津的中国汽车研究中心有限公司对管理团队进行激励:薪酬与孵化成果挂钩,例如入孵奖励2万元、投资奖励6万元;中国民航大学在推动内创业过程中,制定明确的成果转化收益分配机制,80％归团队、20％归企业,并将成果转化纳入科研人员职称评定体系中。中国电信推出的内部员工创业计划规定,每个创业团队3人起,创业期为2年,奖励总金额2亿元,首期每个团队5万元～10万元。

第三种是间接奖励。某国企规定,在职干部职工在空间投资入股成立创业企业,其相应报酬、股权激励不受年薪限制,这就是一种变相的激励。还有国企直接通过给内创业团队发放创新券降低创业成本、减免创业者个税等方式,这也是一种间接激励。

4.文化激励

这是指通过宽松文化激励内创业的方式。外企、民企和国企都能采用这种方式。3M和谷歌在早期并没有明确基于股权架构来推动内创业,只是为内创业员工提供宽松的创新环境和文化氛围。3M公司的很多产品如即时贴、防雾产品

"超亲水"等,都是员工在"15％"的时间里产生好的创意后,向公司申请资金支持而出现的。阿里巴巴也允许员工提出创意并先行尝试,针对个人闲置二手物品的"闲鱼"就是在这样一种宽松的创新环境下诞生的。这种方式给予员工灵活的时间和更大的自由度。对很多国有企业员工来说,在企业内部能有机会做自己想做的事,无疑是一个巨大的激励。几位参与过某电信运营商内创业的技术员工的话让人印象深刻:"我没想到在国企里除了干自己的本职工作,还能有内创业这样一种选择,感觉挺好。""像我们这样经历过内创业的,看问题的角度和视野都跟以前不一样了,比传统的企业内训让我们收获大得多。"

现实中,国企通常根据不同情况选用不同的激励方式,采用的是"混合型激励"。那么,企业究竟应该选择哪种激励方式? 这主要取决于内创业项目本身的特点和内创业目的。

(1)对一些投资回报期短、见效快、确定性较大的项目,尤其是连锁类企业,可以采用分红方式,如餐饮、医疗、保险、出版类内创业;

(2)对一些投资回报期长、见效慢、确定性较小的项目,可以采用股权方式,如高科技、制造业等重资本类内创业;

（3）对一些需要不定期刺激创意的、没有非常明确目标的，可以采用文化激励方式，如互联网行业的内创业；

（4）对不适宜用股份合伙或其他方式激励的企业，可以考虑将内创业与年终绩效考核结合起来，或直接给予专项奖励和经费。

激励手段有技巧

国企在用股权方式推动内创业时，经常会遇到各种困惑：究竟是参股还是控股，如何在项目孵化阶段就预先设定股权架构，如何让员工持股落地，等等。解决这些问题，需要技巧。

1.控股还是参股

国企在做内创业时，会涉及参股还是控股的关键问题。国企并非控股才是最优选择，而要根据内创业目的和实际情况相机决策。国企可选择三类内创业的股权架构：第一类是国企控股、团队参股；第二类是国企参股、创业团队控股；第三类是既有控股也有参股的混合架构。

第一类：国企控股、创业团队参股

由于是在国企内创业，所以国企在内创业的股权配置上通常占据主动。当前，国企在内创业公司中占股的方式有两种：第一种是绝对控股，即占股在50％以上；第二种是当大股东，即占股虽小于50％但大于30％，有控制权。例如，海康威视在创业团队中占股60％，有60％的股权、保持控股地位。对于是否控股，国企主要从两个方面考虑：一是与主业方向的关联性；二是现在规模很小，但未来潜力很大，可能成为主导产业的方向。

第二类：国企参股、创业团队控股

中科院西安光机所是参股不控股的代表，它一直奉行"参股不控股、孵化不办企业"的宗旨。该单位负责人说："我们就是参股，比例一般控制在20％以内，但这是实打实的投钱。光机所内部研究人员孵化的项目，也就是自己的项目，我们会以知识产权入股，投钱也可以，但不会投大钱。另外，我们还配套有西科天使基金，一般会投入500万元～1000万元。创业者自己肯定也要出一两百万元，这主要是判断他创业的决心,不出钱肯定不行。技术人员的占股则是我们给他评估一个价值,当作技术入股的标准。"中国联通等国企同样遵循参股不控股、让创业团队控股的方式。中国联通在内创业公司中的股份占比保持在10%～15%,不超过15%。按照联通创投负责人的话就是:"要最大限度地激励内创业团队,一定是团队成员在股份中占大额。"

第三类:控股与参股混合类

有些国企会根据内创业项目与自身主业和发展战略关联的紧密程度,决定某些项目控股、某些项目参股,这是一种"混合式激励"。大唐网络对在其移动互联网平台上重点孵化的"天天系"项目就采用控股方式,而对其他项目则以参股为主。因为"天天系"是大唐网络重点打造的与教育、文化、体育、健康等民生行业有关的项目群,像"天天艾米"是一个覆盖中央、省、地市和县级教育行政部门及学校的即时通信平台,在教育行业中规模较大;"天天电竞"则是协助国家体育总局体育信息中心建立的移动电竞赛事标准体系,是全国移动电子竞技大赛的承办方。

2.模拟持股

这是指对处于孵化阶段、尚未成立独立法人公司的内创业团队,采取预先约定股权即"模拟"的方式实现持股的一种方法。科技型央企中国钢研科技集团在 2017 年下发的《钢研大慧双创基地鼓励创新创业政策及实施意见》中明确规定:首先,双创项目实施模式可采用依托双创基地平台运营的模拟企业法人模式或注册企业法人模式,支持创业团队以现金出资、科技成果出资的方式模拟入股创业项目,允许与集团公司及所属各级子公司签订劳动合同的员工参与双创项目并直接或模拟持有项目股权;其次,模拟企业法人模式的创业项目在运行一段时间后,如果各方都同意且条件允许,则在转为注册企业法人模式时,若个人模拟持股需要退出,可以按照市场化的方式向其他第三方模拟转让,同等条件下集团公司(或所属单位)有优先受让权。

华工科技集团从 2016 年年初开始推出"创客"模式,通过实施"虚拟股权"解决人才匮乏的痛点,招来一批关键核心人才。这种方式让其孵化的苏州设备自动化公司在不到 2 年的时间从借用的一间小办公室起步,发展到两层楼几千平方米的新厂区,2017 年完成 1 亿多的自动化终端销售收入。

3.设立员工持股平台

国企还可以通过设立员工持股平台,解决核心员工直接持股不方便等问题。海康威视是由中国电子科技第 52 研究所下属的浙江海康信息技术股份有限公司和自然人龚虹嘉分别出资 255 万元、245 万元成立的,这使得其股权激励机制上很灵活。015 年 9 月海康威视推出《核心员工跟投创新业务管理办法》,规定员工可通过跟投间接持有创新业务子公司的股权或股权增值权,由此吸引了大批高端人才。具体来说,海康威视共设立了杭州海康机器人技术有限公司、武汉海康存储技术有限公司等 6 家创新业务子公司,均严格按照海康威视持股 60%,跟投平台持股 40% 等股权比例分配。跟投平台均为有限合伙企业,普通合伙人(GP)均由海康威视投资管理有限公司担任,跟投的核心员工则通过认购中建投信托成立的资产管理计划份额持有跟投平台的股权。

海康威视的员工跟投主要针对的是出资跟投的核心员工,他们通过认购跟投平台(有限合伙企业或有限责任公司)的份额或股权,间接持有创新业务公司的股权。这些核心员工又会分为两类:A 类是海康威视或其全资子公司或创新业务子公司的中高层管理人员和核心骨干,他们必须强制跟投各类创新业务,既共创又共担;B 类是创新业务子公司的部分核心员工,他们可跟投自己参与的某一特定创新业务。当然,这种跟投有一定的约束条件,海康威视对参与跟投的员工的约束主要体现在任职时间上,参与跟投的员工,无论是持有股权还是增值权,都需要为公司再服务不少于5年(从参与跟投之日算起)。

第八章
松弛有度的内创业治理

内创业做不成，往往是对内创业的治理不当所致，而非内创业本身有问题。国企的突出特点是自上而下严丝合缝的管控——如果用这种方式管理内创业，显然有违创业规律、压制创业者积极性，创业成功率自然不高。当然，国企也不能放手不管，否则更是一地鸡毛。该如何破局？国企首先必须转换思维，从大企业的管控思维变为面向创业的投资思维；其次必须把握内创业治理的灵活度：有抓有放，该集权的集权、该放权的放权；最后要打造一个真正友好型、服务型、专业化的创业服务型机构，而非官僚式、行政化、封闭式的附属部门。

投资而非管控:三要点

国企的管控思维有几个突出表现:一是层级式的自上而下控制,流程烦琐、效率低下;二是以不犯错为前提的统一标准管理,对新旧事物采用"一刀切"方式处理;三是偏重短期利益导向,忽略长远创新。

用这种思维推动内创业,会带来两大危害:首先是给创业活动增加大量无谓管理成本;其次是严重打击创业者的积极性。一家国企的内创业者每天花大量时间应付各级领导检查、提交材料以及参观接待,没有太多精力干正事。

传统管控思维针对的是大企业运营的确定性活动,而内创业最大的标签是"不确定",需要在宽松环境里进行较长时间的创新试错。国企要管好内创业活动,就必须把传统管控思维转变成适应创业的投资思维。所谓投资思维,就是企业把自己当早期风险投资人,以投资人的心态、合伙人的视角来推动内创业。

国企要真正转变为投资思维,至少需要从三方面入手:

1.三管齐下建立投资思维

首先,国企一把手和领导层要自我革新。这是最难,也是最能检验一名企业领导是否是创新者的试金石。不少国企领导思维陈旧、明哲保身,不愿从传统管控思维转变为投行思维。现任中国联通董事长王晓初在 2011 年担任中国电信董事长时就推出了内部员工创业计划,2015 年调任联通担任一把手后又推出了"沃创客"计划,很早就实现了思维转变并一以贯之。思维的转变,既需要企业家自身的悟性,也需要持续学习。

其次,营造宽松试错的国企创新文化。3M、谷歌、微软等国外企业中的员工有一种特权,就是不受企业限制,利用企业资源把自己的奇思妙想通过内创业的方式变成产品。谷歌通过独特的 20% 内部创新创业模式,发展了很多在外人看来"稀奇古怪"的项目,例如无人驾驶汽车、气球网络项目、可以监测血糖的隐形眼镜等。上汽集团 2015 年提出的"种子基金"项目,核心也是"鼓励与崇尚创新的宽松氛围,激发员工的创新才智与激情……让上汽成为广大员工的创新乐园"。

最后,将创新创业纳入国企传统考核指标。传统关键绩效指标(Key Performance Indicator,KPI)考核一味强调销售额、利润等财务指标,而将"创新创业"变成量化指标放进考核体系中并赋予其较大权重,尤其是将它与管理层年终考核挂钩,是从"指挥棒"角度让管控思维变为投资思维的一剂猛药,关键在于企业是否有勇气真正押宝在未来。比如,某国企把内创业公司的经营业绩指标与集团下属各单位党政主要领导的经营业绩、薪酬收入考核紧密挂钩,并签订责任书,列入企业领导班子考核。此外,设置创新创业考核指标时,国企还要遵循长期评价原则,而不可将国企内创业的目标设定为1个季度出成绩、2个季度盈利、3个季度业务翻番等不现实的短期目标。

2.同时允许创业者和管理层试错

创业失败率高的原因在于风险极大,需要不断试错,创新创业者就是一群伟大的试错者。现在逐渐被众人接受的一个观点是,必须允许创业者试错、失败并再次给他机会。然而,国企有一个特殊性,推动内创业时需要管理层对创业项目、资源调配进行决策,而决策失误是常有的事,这就是管理层不得不面对的试错。对这种情况,国企传统的处理方式是决策失误要与决策者绩效考核挂钩,有的甚至会被扣上"国有资产流失"的帽子。正因如此,内创业决策既关乎国企管理者的钱袋子,又关乎国企管理者的一世英名,自然要慎之又慎,宁愿不做也不能出错。如果不建立允许管理层试错的机制,只会出现一种情况:所有管理者在内创业项目投票时,一定会投反对票,因为这样可以免责。当然,好的内创业项目也都被"投死"了。

怎么解决这个问题? 答案是在国企内部建立面向管理层的"容错机制"。

上海汽车集团从 2015 年开始推行"种子基金"计划。在执行过程中,专门针对管理决策层提出"容错机制":在集团总经理办公会上研究通过的内部员工创业的种子项目,如果后期验证无效,不会追究决策会上任何一个人的责任。某国企在推动科技成果转化的内创业项目时建立了"容错纠错机制",旗帜鲜明地为那些敢于担当、踏实做事、不谋私利的人才撑腰鼓劲,强调技术创新没有失败一说,只要投入在技术创新上,即便失败,证明此路不通,也是积累。

建立面向国企管理者的"托底"制度的核心,是让他们遵照创业本身规律进行决策,而不受绩效考核等其他不相关因素的干扰,这样才能放开手脚、撸起袖子推动内创业。当然,并非什么情况都能容错,比如明显违背法律、明显不符合程序、明显有低级失误或明显有利益输送的决策不能容错。

3.大胆建立内创业特区

国企中做内创业的人是少数,他们一开始往往被其他人视为"另类":正经事不干、整天瞎折腾,还占据大量企业资源,企业还会给予一些特殊优惠政策。于是,旁人的"羡慕嫉妒恨"就来了——身处这样一种环境,创业者的心理压力巨大,积极性受挫。此外,国企本身的文化和传统管理制度有很强的惯性,短时间内很难改变,也会让内创业团队在各方面受到很大干扰。

怎么解决这个问题?答案是在国企中建立内创业特区。

所谓内创业特区,实质是要建立一种"相对隔绝"机制,降低内创业团队与国企内其他部门和人员间的消极影响。事实上,已经有很多民营企业建立了内创业特区,典型例子就是腾讯的微信。张小龙坚持将微信研发团队放在广州而不回深圳总部,就是为了避免被腾讯巨型体制下的其他部门和团队所影响。微信团队在相当长的时间内不需要像其他部门那样承担各种杂务,使得张小龙的广州研发中心能够在腾讯的巨型体制下自由生长。

国企建立内创业特区要有硬有软,其中"硬"是指在空间上适当隔绝,"软"是指在管理制度上适当隔绝。

● 建立空间特区

设立独立办公空间,让创业团队在专业孵化器内运营,或让创业团队与企业间隔一定距离等,都是设立空间特区的常用方式。不少国企选择在独立空间新建孵化器,或直接租用外部孵化器。某化工集团将众创空间放在天津港保税区,一期占地5000平方米;中国联通直接租用优客工场、英诺空间等外部孵化器;紫光集团孵化的内创业项目"中青信用",位于北京知春路的致真大厦5层,与整个紫光集团其他职能部门同处一栋大楼,既方便与财务、法务、税务、商务部门沟通,又能保持相对独立的办公空间。

● 建立制度特区

国企对内创业要建立相对独立的一套管理制度和政策。例如,对内创业团队的考核,就应该注重其创新性、成长性和长期性,企业传统的KPI很可能会把创业团队扼杀。某国企在其专门针对内创业推出的管理办法中明确指出,简化国有企业在众创空间新设公司的流程;在职干部职工在众创空间入股成立创业公司,相应报酬、股权激励不受年薪限制;对离岗创业人员给予保留5年人事关系,档案工资正常晋升等。还有一家国企规定,内部员工参与创业项目,不纳入常规性考核。这些都是建立制度特区的具体举措。

有抓有放:3＋4模式

在从管控思维转变为投资思维后,国企要形成"有抓有放"的内创业治理模式:对3件事适度集权,对4件事充分授权。其中,适度集权的3件事是把控战略方向、设定股权架构、进行节点考核;充分授权的4件事是项目运营控制、内部激励设定、人力财力调配、团队日常管理。

1.对3件事适度集权

(1)把控业务战略方向

这是指由国企规定内创业的大方向,保证内创业的发展符合企业的当前主业和未来战略发展方向。如果对内创业方向不加任何限制,内创业就会"跑偏",因为好的内创业一定要带有企业基因。具体有两种集权方式。一是严格集权,直接由企业严格指定内创业方向,比如上海汽车集团对"种子基金"项目明确规定,只能申报与汽车产业有关的技术项目和产品项目;某化工集团要求内创业项目必须聚焦在化工新材料领域。二是宽松集权,即内创业方向与公司主业相关就行,不做严格要求。某国企将入驻创客空间的项目按照其与智能制造的关联程度,分为紧密产业、相关产业、边缘产业三类,越是强关联的团队,获得的资源支持越多。还有一家国企根据内创业项目与未来战略主业的相关性和可行性,将项目分为创新项目、集团内部孵化创业项目、脱离母体孵化创业项目和众筹创业项目等类型,其中创新项目由公司直接投资,其他项目则可视情况引入其他投资人。

(2)设定股权架构

这是指在股份的初始分配、占股方式和后期调整上,国企要适当集权。首先,股权的初始分配由国企决定,包括控股参股、对赌条件、优先权、相关约束机制等。比如,不少内创业团队的股份是国企"给"的,但又不能直接给干股,所以国企要约定创业团队股份逐步兑现的条件,即在创业合同中明确写入恰当的对赌条款,包括工作年限等方面的限制。其次,由国企约定双方入股方式:一是现金入股,二是资源和服务折价入股,三是混合式入股。比如,中科院西安光机所就对内创业团队用现金入股,某国企的科技骨干在内创业公司中占 12%～60% 的股份,员工直接拿现金入股;大唐网络的369 模式在前期为创业团队提供"资源包"(底层技术模块＋行业大数据＋常规孵化资源),9 个月后如果创业项目落地了,则前期投入资源折算成创业公司所占股份。最后,国企拥有回购、退出和清算的优先权。

(3)设置阶段考核

这是指国企对内创业项目设置考核节点、规定考核内容和确定考核后的处理办法。首先,根据创业周期一般规律,确定不同时间阶段的考核标准,几个重要的节点是创意产生、产品落地、融资进展、市场推广等。其次,在考核目标上,要强调项目的成长性、商业模式的可行性、与主业的关联性、融资目标是否达成等。最后,考核后通常有三种处理方法:一是停止项目;二是调整后继续;三是按原计划继续进行。

其中,关键是对内创业项目的"止损点"进行判断。这种判断既要设置一些硬性指标,又要结合内外部专家的软性经验进行综合判断,尽量避免出现外行判断或领导一言堂的情况。例如,大唐网络云孵化平台上的创业团队要做到3个月产品上线,6个月完成试点,9个月完成融资。达不到这些时间点硬性要求的团队就要考虑退出云孵化平台。上海汽车集团也在孵化阶段设置了4个考核节点:创意海选节点、创意完善节点、种子培育节点、种子验收节点。每个节点都会淘汰一部分项目,最后一个毕业环节即种子验收节点,由专家组评审并经总工程师(集团技术副总裁)确认,方可进入转移转化或成立独立公司阶段。

2.对4件事充分授权

给内创业者授权,就是为了保证创业过程能快速迭代,如果再层层申报审批,只会拖慢创业项目的进度。国企在掌控底线的前提下,应该把过程细节管理权真正交给内创业团队,让他们拥有充分的决定权、保证足够的机动性。具体有四个方面的授权。

● 人权财权

在人事方面,除了某些国企规定团队创始人或核心成员一开始必须是内部员工外,内创业团队的其他人员招聘、解雇等由团队自己决定,企业不设置各种障碍,招聘手续尽量简化。在资金使用方面,除了报销、报税等"红线"由国企把控外,其他内部资金由团队决定使用方式,财务手续尽量简化。

● **项目控制权**

由创业团队把控项目的推进步骤和进度,自主决策、机动调整,国企只做节点考核、资源对接和提供专业化服务,不可越权指挥。一位国企创投部负责人曾说过:"内创业者不愿意做附庸,而要对项目有完全控制权,自己就是 CEO,这恰恰关系到项目的成败。"

● **内部激励权**

这是指国企把创业内部激励权下放给团队,由创业团队制定相应的激励考核制度。某电信运营商在内创业团队中是参股状态,其余股份的内部分配由创始人和合伙人共同商量确定。某国企规定,科技创新成果转让净收益 50% 奖励科研团队,具体分配由科研团队内部自行确定。

● **日常管理权**

由创业团队进行日常管理,切勿将国企日常管理规定强加给创业团队。一位国企负责人就说："我们日常管理基本放手，让团队自己去做，有问题了双方共同快速解决。所以国企和内创业团队双方之间既相互独立，又相互依托。"

通过有抓有放，能在一定程度上规避国企内创业的风险。把控战略方向、设定股权架构、做好节点考核，是为了降低系统性风险，而放权人财、项目控制、内部激励、日常管理，则是为了让创业团队充分发挥想象力与战斗力。这恰恰是内创业治理要把握的核心。

打造专业的创业服务部门

为推动"双创"落地，国企内部纷纷成立了类似"创新办公室""双创推进小组""创业孵化办公室"这样的创业服务部门，专门负责内创业孵化工作。这些部门往往掌控着企业资源和相关业务决策权，对创业团队的项目申报、路演入孵、资源整合对接、考核出孵有很大影响。但是，其中不少管理者往往没有创业经历或相关经验，思维方式、管理方法和判断标准还带有浓厚的大企业色彩。一旦操作不当或失控,这些部门不仅不能助力内创业,反倒有可能添乱。所以,国企管理者从一开始就应该绷着一根弦,别让创业管理部门毁了内创业。

要顺利推动国企内创业,必须打造专业创业服务部门,主要从以下四方面入手。

1.明晰部门三大职责

国企的创业服务部门有三大职责:一是日常运营执行,二是内部关系调节,三是外部资源对接。表8-1列出了具体职责。

表8-1 国企创业服务部门三大职责分解

日常运营执行	内部关系调节	外部资源对接
1.寻找项目源和创始人	1.协调创业团队和职能部门关系	1.对接政府资源
2.项目路演审核	2.协调各职能部门共同支持内创业	2.对接投资人资源
3.提供基础服务	3.调节国企管理制度与内创业制度	3.对接外部孵化器资源
4.专业化培训与辅导	4.协调各个内创业团队间关系	4.对接外部产业链资源
5.出孵毕业	5.协调各种意外和突发情况	5.对接媒体资源

资料来源:作者编制(2018)。

比如,国企创业服务部门的一个基本职责就是寻找项目来源,既有内部项目也有外部项目。当去外部找创业项目时,就需要创业服务部门人员用心沟通、说服创业者,这恰恰是创业服务机构要做的第一件事。华日激光就是华工科技从外部找来的内创业项目,公司创始人徐进林是光造空间在美国发掘的半导体激光器专业人才,起初对于回国创业他心存疑虑,光造空间多次派专人沟通,向他介绍行业发展情况,承诺为其组建创业团队,提供创业资金保障等。很快,徐博士辞职回国,华日公司成立,次年便研发出国内首台工业应用性能稳定的紫外固体激光器,填补了国内空白,并迅速投入市场。

2.打造专业的服务团队

国企内创业服务部门的运营人员是专职而非兼职,核心是提供专业化服务。这种专业化能力是一种复合能力:既要懂技术又能把握行业发展态势;既要懂市场还要有运营实操经验;既要有创新创业意识还要善于沟通化解矛盾。现实中,这种"多面手"很少。正是由于创业服务部门的专业性和在企业中的特殊性,一个关键问题就出现了:谁来担任该部门的负责人?国企通常有两种选择:

一是内部人员挖掘和优化组合。其中,国企的创投部门、市场部门、研发部门,大学和研究机构中的科研院、成果转化办、产业化办公室等是较符合上述人员要求的部门,可以从中优选人员。比如,某国企集团众创空间运营总监就由原历任办公室主任、技术中心副主任的一名中层管理干部担任,他拥有丰富的企业管理和国家政策应用经验,负责众创空间的日常运营管理。

二是找外部孵化器专业人员运营。不少国企对运营专业的创业孵化器并不在行,就从外聘请实际操盘过孵化器或众创空间的专业人员来运营。例如,某国企众创空间刚开始没有运营经验,就从外部引入了两名专门搞孵化器的高端人才,其中一名曾在武汉光谷经营过两家孵化器,另外一名在上海运营过一个国际孵化器。还有国企直接与外部专业孵化器合作,由外部专业人员负责实际运营。例如,某化工集团的化工新材料专业化众创空间的运营,就是与腾讯(天津)众创空间运营商合作,由腾讯(天津)众创空间参与日常管理,空间还可获取腾讯互联网资源、腾讯(天津)众创空间的培训辅导等服务。

3.列出权力清单,设定部门权力边界

一旦创业服务部门滋长了官僚之气,很容易用传统国企思维扼杀内创业项目。此时,有必要明确列出权力清单,明确界定国企内创业服务部门的职责范围和权力边界。

(1)服务为本。国企内创业服务部门的主要职责是提供专业化服务与组织协调工作;

(2)不参与运营。创业服务部门有项目建议权,但不能过于深入参与到项目运营中,没有项目的直接决策权,要保持客观中立、避免利益输送;

(3)善用考核。创业服务部门依据规则对内创业项目进行底线考核以控制风险、引导创业者,并保证各项目的资源投入比例相对平衡。

需要指出,要让内创业服务部门不越权,需要国企设定与其他部门不同的考核标准,不能以内创业项目的短期绩效作为内创业服务部门的主要考核指标,而应该把创新创业人才的培养、项目本身的创新性和成长性作为考核重点。

第九章
国企内创业流程

对一家准备尝试内创业的国企而言，可以遵循一套标准的内创业流程：从征集筛选项目开始，到进行保姆式孵化，最后成立独立"正规军"进行公司化成长。但这绝不是要求所有环节都生搬硬套，不同国企要找到适合自己的流程：有些环节可以加速，有些环节可以省略，有些环节还可以并行操作。

闯四关选项目

这个阶段的核心是征集与筛选项目。其中,征集项目主要通过四种方式,筛选项目则是一个利用内外部产业专家、技术专家和投资人形成的专业团队对高风险活动进行的综合评判,一般要经历四关。筛选项目的难点是既要保证项目的可操作性,又要保留其创新性。

1.四种方式征集内外创业项目

方式一:举办创业大赛。天津中环电子、中海油等就是通过举办创业大赛的方式征集优秀的创业项目。这种方式的优点是体现公平原则。

方式二:征集内部提案。这是一种通过员工提案征集创业项目的方式,这种方式通常会对申请内创业的员工资质有一定的要求,如工作年限、工作岗位等。京东方(BOE)的内创业就是由下面员工向上层提出项目方案,其中既包括团队申请,也包括个人提案。

方式三:部门推荐。这是一种通过公司下属各部门层层审核和推荐征集项目的方式。国内的三大电信运营商普遍采用这种方式。中国联通的"沃创客"内创业计划采用集团公司发文、各省市公司审核推荐的方式进行,"沃创客"一期总共征集内创业项目 416 个。

方式四:外部创客自由报名,或企业到外部去寻找好项目。大唐网络的移动互联网专业化众创空间同时接受内外部创客的项目申请;华工科技集团下的光造空间就到全球各地去找好项目,华日激光项目就是在硅谷找到的优质创业项目。

2.专业化优选项目

征集项目后,国企要成立内外部专家构成的联合团队,对项目进行多方面的评价和筛选。这个过程分两步:第一步是考察项目与本企业主业或战略的相关性,多数国企都要求内创业项目与本企业主业或产业链相关,这会筛掉一批不符合要求的项目。第二步是用市场化、专业化标准考察项目的可行性、创新性和风险大小等,具体要通过团队关、需求关、产品关、推广关这四关的考核。

(1)团队关:搭建合理团队

寻找既有创业意愿又有创业能力的人,是组建内创业团队最基本的要求。团队关主要有两个方面:一是通过内部问询、档案查阅、历史业绩等方式了解内创业团队人员的背景情况;二是评判团队创始人是否具备创业素质,团队人员搭配是否合理,排除临时拼凑成员或选人过于随意的团队。

内创业团队有一定的特殊性,国企在具体考核时要抓住四个关键点:

一是团队人数以 3～8 人为宜。中国电信规定每个内创业团队 3 人起,长虹规定内创业团队人数不得超过 5 人,海尔的小微创业团队人数原则上不超过 8 人。这种人数的团队最方便小组成员交流,灵活机动。

二是核心成员最好来自企业。因为内部人员与企业的协同性好,国企也可以在一开始更好地把握内创业走向。中国联通规定,沃创客团队创始人必须是中国联通员工,但其他成员可以由创始人自己招聘,包括外部的人员。

三是跨部门甚至跨企业的团队成员组合最佳。这种组合易于发挥每个成员的特长、整合互补各自资源,仅由单个部门成员或企业内部人员组建团队,往往会出现资源同质、不好管理等问题。中国钢研集团、大唐网络的内创业团队既有集团内部成员又引进外部创业者。

四是墨守成规的人和极客不宜当创始人。墨守成规的创业者虽然信念执着但往往教条主义,极客创业者迷信技术决定论而忽略其他重要因素,他们更适合担任合伙人或其他岗位如首席技术官(CTO)或顾问,而非创始人。

(2)需求关:找到真的市场需求

这是指评判创业项目对市场需求的把握是否准确。实践中,不管是国企内创业者还是外部独立创业者,都很容易在这方面不知不觉地犯错。

需求关主要从四个方面判断:一是所发现的需求是真需求还是伪需求;二是抓住的是需求痛点还是需求痒点;三是需求究竟是大规模需求还是小众需求;四是与所在国企需求的匹配关联程度。只有那些抓住真需求、找到需求痛点、需求量大、有强需求特性(从而可以实现规模化发展)、与国企本身需求关联度大的创业项目,才可能持续下去。很多国企内创业团队找到的需求是假需求,原因有几点:一是市场调研、用户测试不充分,想当然地认定一个错误的市场需求,其实没有找到真正的用户;二是需求本身变化太快、团队没有跟上;三是调研方法不当导致决策偏差。

有相当一部分内创业者在创业之初,就是想拿国企的订单,给国企配套、做国企的供应商,也有一些是为国企寻找未来新的技术或业务方向。所以,国企在考核内创业项目需求时,应该将内创业项目方向与本企业发展需求的关联程度作为重要标准之一。某国企刚开始推内创业时,发现报上来的项目与本企业主业或未来发展方向无关,缺乏企业基因。在经历近一年的波折后,该国企在评审新项目时,将内创业项目与本企业需求是否匹配作为重要指标,过滤掉那些不符合要求的内创业项目。

(3)产品关:让产品能商业化落地

这是指国企在评判内创业项目时,看是否找到了合适的产品切入点,产品逻辑是否能满足消费者需求,产品能否大规模商业化。创业中经常碰到的问题:①虽然找到了真实需求,最后出来的产品却与需求间出现错位;②产品概念原型看上去有效,却不能显著提升产品价值,不仅让消费者难以接近,还有可能带来负价值。

一项调查表明,美国1年约有3万件新产品推出市场,其中95%都无法成功,摩托罗拉的"依星"就是一个典型的商业失败案例。比如,当前很多创业团队推出的智能机器人产品原型功能定位不明确,智能化程度有限,很难进入大规模商业化的阶段,早期不少虚拟现实(Virtual Reality,VR)产品也有类似的问题。如果一款所谓智能机器人,不仅不能减少人手,反而要更多的人去配合才能运行;如果一款酒店接待机器人无法应对客人询问的稍微复杂一些的问题,需要客服人员不停地去干预,这样的产品自然不会受到欢迎,也就难以真正进行商业化运作。这种创业产品在很多场合无法通过产品关的考验。当然,还有一种情况,就是产品本身好,也符合需求,却在成本、质量和可行性上存在瓶颈,导致最后难以大规模商业化运作。

(4)推广关:找到高效的市场推广方式

这是指评判创业项目推向市场的方式与路径是否可行。主要有三个标准。一是针对终端消费者(to Customer,to C)业务,如移动互联网创业项目,重点是获取流量和提升消费体验,所以必须找到可以切实有效提升创业项目市场到达率、转化率和净推荐值(net promoter score,NPS)的方式。二是针对企业(to Busiess,to B)业务的创业项目,要实实在在企业解决问题,明确自身的解决方案,并找到精准的企业客户。三是判断创业项目在国企自身产业链上推广的可能性。

通过上述"四关"筛选的内创业项目要进入孵化培育阶段,没通过考验的创业团队成员有两种选择,要么回到原岗位继续工作,要么从企业辞职到外部独立创业。截至2018年6月,上海汽车集团的"种子基金"项目共提出创意660项,其中完成验收的"种子"项目有24项,落地转化13项。由于上汽集团员工是利用非脱产的业余时间开展创新创业,因此没有通过评审的项目就自动取消,员工仍然回到原岗位工作。

保姆式孵化

国企要从四个方面推动内创业项目的孵化:项目启动、专业化指导、内部协调与外部对接、出孵淘汰,这就是"保姆式"孵化的含义。

1.项目启动:提供基础条件与约定知识产权归属

项目启动阶段,国企主要是为创业团队提供两类基础条件:办公空间和启动资金。

提供办公空间有四种做法:一是为创业者提供孵化期的内部免费办公空间;二是租用社会化众创空间供内创业团队使用,费用由企业结算;三是按照市场价格租给内创业团队;四是建设自己的孵化器或众创空间供创业团队孵化期使用。

提供启动资金时有几点要注意。一是由企业提供一笔资金但不占股份,推动创业团队将创业概念开发出产品原型。如中国电信北京研究院在孵化阶段以科研立项的方式,采用报销制度来支持项目团队。二是与社会化创业类似,国企一开始就占创业团队一定的股份,要么是干股,要么是真金白银地投入占股。长虹集团对来内创业平台的外部创客,9个月内免费提供办公场地、水电气和相关设施设备,后期根据财务核算占5%的股份。大唐网络在6~9个月的孵化期,为平台上的内外部创业团队提供技术支持和基础设施,在孵化毕业后根据所投入的资源多少在创业团队中占相应的干股。三是启动资金规模各有不同。中国联通对内创业项目的出资额在 5 万元～20 万元不等;上海汽车集团设置了两个时间节点,创意完善节点(3 个月之内)为孵化项目提供 3 万元～5 万元/项的支持,在种子培育节点(12 个月之内)提供不超过 50 万元/项的支持。

国企除了提供基础条件外,还要在项目启动时对创业团队知识产权进行约定,因为许多知识产权属于职务发明,一旦内创业后就牵扯到归个人和团队所有还是归国企所有。上汽集团对此进行了有效管理。种子基金 001 号相关知识产权属职务发明,所有权归上汽集团所有,上汽集团会同创业团队委托有资质的第三方机构对相关知识产权进行评估。基于团队新成立的 A 公司在三年之内向上汽集团一次性购买上述知识产权,在此之前上汽集团将该知识产权以每月一定费用独家许可给 A 公司使用。

2.专业化指导:提供多样化创业服务

国企在创业项目孵化过程中,通过整合内外部资源为创业团队提供战略规划、运营诊断、技术指导、人才对接、信息技术、财务规划、股权培训、检验检测、政策解读等方面的服务,解决创业团队面临的各种问题。上海汽车集团位于上海安亭镇的智能网联新能源汽车创新孵化中心,拥有国内规模庞大、检验门类齐全的机动车检验认证技术能力,能为集团的内创业团队提供专业化的研发验证试验及样品试制服务,大大降低了创业团队成本。某化工集团的化工新材料专业化众创空间,利用集团技术中心及双创专业化资源共享云平台、企业中试装置共享平台、行业信息资源共享平台为创业者提供服务,聘用了50余位企业家、高校与研究院所专家及实践工作者作为创业导师,为内创业团队提供专业化的创业辅导。

3.协调整合:灵活配置各类资源

国企内部各部门间的关系网络复杂、利益盘根错节,而内创业恰恰需要各职能部门提供资源和服务,所以国企的内部协调至关重要,它考验的是协调者的智商、情商、权力与决策能力。通过内部协调,国企才能将内部冗余资源变为内创业团队可用的资源。

要特别指出,这个阶段到底给协调者多大权力尤为重要。在孵化阶段,协调者通常是公司副总或创业服务部门负责人,国企应该赋予其较大的部门协调权和资源调配权,否则只能是一个光杆司令。在某些关键时刻,必须由国企一把手出面协调,强力推进资源配置,比如海尔是董事局主席张瑞敏,上海汽车集团是董事长陈虹,郑州宇通是董事长汤玉祥,大唐网络是 CEO 杨勇。

除了内部协调,国企还要根据内创业团队需求协调外部资源,帮助创业团队找钱、找人、找导师、找技术、找检验检测等。比如,武汉新能源汽车工业技术研究院的下属众创空间就依托武汉理工大学和工研院,向创业者开放五大研发中心和一个检测中心,组建了由高校教授、投资机构负责人等组成的创业导师队伍辅导创业,设立了种子资金,并引入了 10余家战略合作投资机构,为创业者提供融资服务。

4.内创业毕业出孵与淘汰

这是孵化的最后一关,决定创业项目毕业出孵或淘汰。国企通常采用两种方法决定项目去留:一是由内部专家和外部投资机构评审决定项目去留;二是根据设立的考核节点判断项目去留。

2017 年 3 月 28 日,中国联通内创业的"沃创客计划"第一期项目迎来毕业"大考",进入孵化阶段的 35 个项目在 6 个月孵化期结束时进行了毕业路演评审,联通创投负责人、集团公司产品创新部负责人等内部专家,与 AC 加速器 CEO、天使成长营发起人徐勇,通信行业知名观察家项立刚对孵化项目进行了综合评估和指导。这就是由内外部专家共同评审确定项目去留。再比如,大唐网络规定在其云孵化平台上的创业团队,要做到 3 个月产品上线、6 个月完成试点、9 个月完成融资。达不到这些时间点硬性要求的团队则考虑退出云孵化平台。上海汽车集团也在孵化阶段设置了 4 个考核节点:创意海选节点、创意完善节点、种子培育节点、种子验收节点。每个节点都会淘汰一部分项目,最后一个毕业环节即种子验收节点,由专家组评审并经总工程师(集团技术副总裁)确认方可进入成果转移转化阶段。这些就是根据内部节点决定项目去留。

没有通过毕业考核的内创业团队有两种选择。一是辞职去外部创业。很多内创业团队的创始人对自己的项目有信心,在他们看来,内创业之所以不成功,是因为企业给的限制和束缚太多了,当然也有创始人发现外部有更好的资源而选择离开。二是团队解散,成员要么回到原岗位工作,要么再去原单位应聘。中国钢研集团规定,创业期间或 3 年创业期满后,依据创业员工个人意愿,原单位有重新接收劳动关系、参照原岗位安排工作的责任,创业员工须提前三个月向原单位提出申请;中国联通在 6 个月孵化期内为内创业员工保岗留薪,孵化期后自主决定去留,出孵两年内提供返回原单位的工作机会。

保姆式孵化后,通过毕业考核的内创业团队将进入公司化运作和规模扩张阶段,而国企也将面临占股和择机退出等抉择。

成为独立正规军

毕业出孵后,内创业团队就要成立独立公司,面临多轮融资、扩大规模、推向市场等问题。相应地,国企也要调整自身角色和定位。具体来说,可以从四个方面入手:设定股权架构、调整人员和方向、提供产业链资源、选择退出方式和时机。

(1)设定股权架构

有一部分国企在内创业孵化阶段就开始占股,而多数企业是在内创业项目出孵、成立公司后才开始占股。此时,国企要确定在创业公司中占股的方式、份额、权利等,关键是在不违背相关国资规定前提下灵活处理股权架构。国企在与内创业公司签订投资协议时,通常会附加一些条件,如国企有优先回购权或优先受让权,或内创业公司可以优先从国企回购股份等。内创业公司本身要对股权架构有相对准确和提前的规划,如给外部投资人多少股份、给未来员工的期权池预留多少,以及每轮稀释的比例、方式,等等。国企在这一阶段除了自己占股,还要继续帮助内创业公司对接外部资本拿到融资。

(2)调整人员和方向

创业过程是一个不断调整优化人员和迭代创业方向的过程。经过孵化期磨合,团队人员往往会暴露出各种问题甚至是致命缺陷。在成立独立创业公司后,内创业团队要判断核心成员的想法、执行力和意志力是否达到要求,进行人员的优化组合。除了人员优化,内创业方向在这个过程中也会不断迭代,国企可以为内创业公司提供专业的咨询和人员对接服务。上海汽车集团001号种子项目在孵化阶段的方向是快捷电源产品的开发设计,在公司化成长阶段经历了市场洗礼后,参考集团内部专家的建议,其业务重点进行了适当调整,转向新能源汽车的其他相关方向。

(3)提供产业链资源

内创业公司在把产品或服务推向市场的过程中,迫切需要产业链资源支持,包括市场渠道、生产制造、客户数据、品牌背书。这个阶段,国企对内创业公司的支持更为重要。华工科技签下了旗下一家内创业企业锐科激光两年90%的订单,边使用边反馈问题,帮助其完善产品。上海汽车集团采用"对内转化"和"对外转让"两种方式对接上汽自身产业链资源,其中对内转化是指内创业成果主要为所在的子公司服务,对外转让是指在上汽集团范围内进行的创业成果转让。比如,006号种子项目开发的人工智能算法,应用在上汽旗下的安吉物流公司;007号种子开发的多功能座椅,搭载在上汽的自主品牌汽车上。

(4)退出方式和时机选择

国企和内创业公司都要选择恰当的退出时机。其中,国企的退出与社会化创业退出类似,也主要通过并购、股权转让、回购、IPO上市等方式实现。在退出时机的选择上,不同企业有不同的选择。中科院光机所下的中科创星遵循"参股不控股,孵化不办企业"原则,只要达到预定的投资回报倍数就可以退出。有的国企会一直持有,还有的国企直接将创业团队变为自己的事业部或供应商,也有的国企在内创业公司发展过程中,逐渐通过引入外部投资者、转让股份等方式稀释自己的股份,这是一种细水长流的策略。内创业公司在这个阶段需要建立"倒推思维",对自己的融资策略(轮数、方式等)和未来退出有一个清晰的认识:是谋划上市退出,被其他企业并购,还是企业回购股份,或上升成为企业事业部。

第十章
化解内创业风险

　　创业始终与风险相伴,内创业亦如此。国企内创业不仅存在一般创业活动的风险,而且由于国企自身特殊性也会带来不一样的风险,特别是由于认知不清、准备不足、政策不明、激励不够、把控不力等使得国企内创业面临许多不确定性,如何最大限度地发挥自身优势、降低风险是国企内创业亟须解决的问题。

认知不清:别让内创业成"鸡肋"

在国企内创业过程中,不仅企业要投入大量的人力、物力和财力,要引入和采用各种新的生产要素与市场资源,而且要对现有的组织结构、管理体制、业务流程、工作方法等进行变革。这一过程必然会遇到各种意想不到的情况和困难,从而可能使国企内创业偏离预期目标。引发国企内创业风险的因素有很多,首当其冲是来自主观层面的认知风险。这主要是指困于公司高层和内创业团队的思想、观念、心态等方面都还不成熟。这种风险虽然无形,但有强大的毁灭力。

首先是国企高层管理者的认知问题。国企高层最容易犯的认知错误,就是认为内创业"没什么不一样",直接把内创业当成一般的生产经营活动或投资行为。要么是观望性的尝试,既没有投入必要资源的决心,也缺乏打持久战的耐心;要么是严格按照现有业务的管理模式,根本不考虑部门之间的协调配合与会遇到的困难;要么对内创业各个阶段缺乏清晰认识,随意配置资源,从而使得内创业的成功率大幅降低。

其次是内创业核心团队的认知问题。国企内创业团队最大的认知误区,就是以为"树大好乘凉",有了财大气粗的国企做依托和背书,内创业几乎稳赚不赔。持这种观点的内创业者大有人在,这种认识从一开始就会使得内创业团队产生过度依赖心理,缺乏独立自主的奋斗精神,会导致后续一系列的创业问题。比如,患上"盲目症",对困难和风险估计不足,对克服困难、应对风险的方法措施准备不够;比如,患上"软骨症",母公司一有风吹草动,可能就动摇内创业团队的根基,可能出现"树还没倒猢狲就散了"的情况。

那么如何化解内创业的认知风险呢?一方面,国企高管层需要彻底改变观念,深化对内创业的认知,把内创业纳入公司的整体发展战略,把内创业作为激发组织活力、促进公司转型发展的新路径,准确定位内创业,并从思想、资源和政策上给予全方位的支持。另一方面,内创业团队需要坚定内创业的信心和决心,不断提升内创业的视野和格局,把内创业作为自己职业生涯规划的重要内容,作为能力升级和境界提升的重要方式。在启动内创业前,最好在公司内部举办系统性的内创业培训,使得高管层和内创业团队能在推进内创业方面形成最大共识。

准备不足:别浪费企业资源

古人常说:兵马未动,粮草先行,这就是说行军打仗需要做好充分的准备,才能事半功倍。对于国企内创业而言,准备不足就匆忙上马是失败的又一个重要因素。许多国企的管理者和内创业团队自以为国有企业各种资源很丰富,内创业应该可以很容易推动,但实际上国企内创业并不简单,需要充分准备,才能行稳致远,少摔跟头。目前,国企内创业准备不足的表现主要有以下几方面:

首先是项目本身准备不足。与所有创业活动一样,国企内创业要实现成功,首要前提是具有技术过硬、市场潜力大的产品和服务。然而,现实中许多内创业项目并不成熟就推向市场。这一点至少有两个维度,一方面是项目技术上不成熟,许多项目可能只是一个原型样机就想商业化,但从实验室的技术到产品需要大量试验和工程化验证,如果产品技术不成熟就急于快速商业化,可能造成巨额的沉没成本;另一方面是项目的市场前景不清晰,项目的盈利模式存在很大不确定性。内创业启动前期不做深度的市场调研,对潜在客户的需求把握不精准,项目本身跟母公司业务的相关性比较弱,难以充分利用母体的资源。技术和市场两者相辅相成,如果技术和产品不好,市场能力再强也于事无补,而如果技术或产品都很不错,市场能力欠缺,一旦母公司或外部投资机构对内创业进行了大量资源投入之后,可能造成巨大的实际损失。

对于这类风险问题,需要在新产品和服务进入市场之前就建立严格的技术和市场评估机制,要评估新技术成熟度、评估可以达到市场可接受的程度的时间、评估新市场需求规模、评估现有需求能否支撑起新业务的持续发展。经过评估验证,如果技术和市场评估结果离预期目标还较远,那么可以暂缓推动该内创业项目。同时,为谨慎起见,内创业团队可以先选择一个较小规模的市场试销售,根据市场反馈,对产品和营销计划进行修正。

其次是创业团队能力跟不上。一个素质高、结构合理的创业团队是内创业成功的必要条件。我们看到许多内创业项目无论技术维度,还是市场维度都不错,但最后却以失败告终,这往往与团队运营管理能力有关。一个业务好的员工并不一定就具备合格内创业者的基本素质。内创业者利用某一新技术进行创业,他可能是技术方面的专业人才,但不一定具备专业的管理才能;内创业者往往有某种"奇思妙想",可能是新的商业点子,但在战略规划上不具备出色的才能,或不擅长管理具体的事务。此外,团队成员结构不合理,高度同质化,比如只有技术专家而缺乏管理人才和市场营销人才;或者团队成员的价值观不一致,对于内创业发展方向和重大事项难以形成共识,也会造成内创业团队的内耗。

因此,在组建一支强大的内创业团队时,要按照"和而不同"的标准,选择能力互补、价值观契合的团队成员。如果在国企内部找不到合适的人选,也可以考虑从外部引进高端人才。还有非常关键的一点,就是要为员工内创业设定门槛,防止那些根本不具备创业能力的员工加入创业者的行列中来。

最后是母公司资源条件准备不够。我们知道,无论是大企业,还是小企业都可以实施内创业,但在实践操作中并不是每个企业都具备推动内创业的资源条件。这里也有两种情况:一是母公司没有太多的冗余资源;许多公司在支持员工实施内创业之前,并没有对本公司的基本情况做相应评估,看是否具备实施员工内创业的相关资源及条件。在不具备相关支持条件的情况下贸然推动员工内创业,无疑会加大实施的难度以及失败的风险。二是母公司具有冗余资源,但相关资源没有围绕内创业进行统一的组织协调。有些公司虽然也积极倡导内创业,但实际操作中没有对所需资源进行整合,母公司各部门相互推脱,导致内创业项目得不到必要的及时的资源支持。第一种情况,在国有企业中较少出现,因为目前我国国有企业的冗余资源比较丰富,但资源利用效率并不高。因此,国有企业存在的问题是第二种情况,即有资源但缺协调。内创业的实施并不仅仅只是企业老总和内创业员工之间的事,其牵涉到公司上下各个部门和各层次的员工。内创业者更重视企业内部环境,包括内部人际关系、跨部门的关系、上下级关系,以便利用原部门及跨部门的各种资源。如果没有合适的管理机制,各部门的资源未必能够被创业者利用,相反还会阻挠实施。

解决这一问题的关键还在于一把手,需要国企老总和高管层亲自出马协调各方面的资源,做好各个部门及员工的思想工作,使各部门及早做出相应的工作规划和相关支持准备,并要制定严格的执行考核计划,随时监控进展。母公司需要从利润中抽出一部分资金作为基金,用于资助那些具有可行性创业方案的员工,帮助其内创业。除了资金支持外,企业在资源、政策、机制上也要给予充分的支持。

政策不明:别被扣上国有资产流失的"帽子"

国企内创业碰到的最棘手问题或者说最大的风险之一就是被戴上国有资产流失的帽子,这是与其他内创业非常不一样的地方。国有企业内创业的难点在于一方面要创新产权制度,另一方面要实现持续增长。因为,对国有企业各级管理人员而言,国有资产流失是在脑海中闪现频率最高的词之一。内创业不可避免地与企业内的各个业务部门和职能部门发生联系,尤其是还要利用内部资源予以扶持。这种情况下,内创业获得的成功不会首先归功于创业团队,而是因为依附了体制内企业,利用了体制内企业的特有优势。因此,成功的内创业团队一旦获得的收益高于企业内部的一般收益,这种声音就会出现。但是,我们知道,不管是内创业还是外部创业,创业失败的概率都是相当高的,成功了可能还好说,倘若失败了,就更容易被扣上国有资产流失的"帽子"。因此,这顶令人畏惧的"帽子"可以说是制约内创业的主要症结。

那么在内创业过程中如何避免承担国资流失的责任呢?许多国有企业在内创业实践中进行探索,形成一些行之有效的做法。**一是管控关联交易。**某国有交通投资集团的做法值得借鉴,该公司规定内创业项目若涉及与母公司的关联交易,一方面交易对价以不低于同类项目前三年与外部合作商签订的合同价均值为基准确定;另一方面决策由不参与该项目的上一级管理者做出,与该项目有利益关系的个人或组织在决策时一律回避。**二是加强知识产权评估。**某国有汽车集团对内部员工创业的知识产权问题进行了严格把控,规定内创业项目的知识产权属职务发明,所有权归集团所有,委托有资质的第三方机构对知识产权进行评估。内创业公司成立三年之内向母公司一次性购买知识产权,在此之前母公司将知识产权按月付资以独家许可的形式给内创业公司使用。**三是区分存量资产与增量效益。**某国企以现有资产为基础打造内创业平台,鼓励国企内部员工、外部客户建立创业小组,以全新的市场化方式承包、租赁、经营部分存量资产,获取的增量效益则以市场化原则进行分配。**四是建立投资失败的容错机制。**某集团建立了内创业失败的容错机制,所有内创业项目必须上总裁办公会批准,责任由高管层均摊。如果员工创业失败,不予追究,也不会影响在公司本职工作的考核,这样就解除了员工开展内创业的后顾之忧。

机制不好:谨防员工成"看客"

尽管采取一些措施可以降低国资流失的风险,但如果内创业团队及成员的权力和利益得不到足够的保障,同样也可能导致内创业半途而废。国企鼓励内创业,先决条件就是放权,给创业者充分的自主权。只有当创业者自己有对业务的自主权之后才会有真正的创业。而伴随这个放权,就涉及内创业团队或公司的人事权、财务权、经营权、决策权等各项权利与母公司的划分。这些权利是在约定范围内归于创业者，还是仍由企业把控？如果有太多的约束，那么这只是经营管理而不是内创业。所以经营权限的划分应该是国企内创业的先决条件。

除了创业者权利之外，还有创业者利益，就是让内创业者的能力、专长及其他资源等无形资产在内创业公司的利益分配中得到体现，这是国企内创业制度设计的重中之重，而且这样的制度应该在内创业计划开始实施前就设计好。如果比重过低，意味着创业者可以分享的利益占比较小，其结果可能是，内创业者不愿意投入真金白银，也不愿意将自己拥有的全部资源投入到公司运营之中，公司和项目可能做不大。或者做大之后，内创业者与公司因为利益分配发生矛盾，给公司带来损失。但是，如果比例过高，则可能损害母公司及非创业员工的利益。从一些国企业的混合所有制案例看，股权结构设置受限：管理层持股（员工持股）的股权比最高 30%，且单个持股不超过 1%。行业通行的创业团队持大股的情况难以实现，自主经营权受限。在这样的规定下，员工完全成了控股方的陪衬，对决策没有任何影响。

伴随着权力和利益的必然是责任。比如企业提供内创业的责任人100万元启动资金,如果项目失败,这100万元亏损耗尽,那这钱需要创业者全额赔偿吗?如果需要,那么这个内创业就不会有人去参加。但如果完全不承担责任,就会成为腐败与违法的温床。

因此,要防止责权利不明晰带来的内创业风险,就需要采取一些可行的措施加以预防。**一是约定利益分配。**母公司有必要在确立内创业公司大框架的前提下,与创业者进行一对一的谈判,并以明确的方式确定彼此之间的利益关系。**二是争取政策支持。**积极向主管政府部门争取改革创新的政策,否则在股权结构、持股比例等方面将难以有效突破。比如,海康威视2016年实施核心员工跟投创新业务的激励方案获得国资委批复,该激励方案突破了原有国有企业员工激励的限制,成为市场化竞争国企改革创新的重要试点。在该方案中在互联网视频、汽车电子、机器人及其他创新业务上,公司和员工以6∶4的股权比例共创子公司,使一大批核心员工和技术骨干成为与公司创新业务共担风险、共享收益的"事业合伙人"。**三是适度的责任分担。**责任承担需要切实可行的方案,比如可以根据亏损额度递减创业者的基本收入,扣除福利、解除职务等。

把控不住:别让内创业伤了自己

国企内创业还有一个隐藏很深的风险,就是内创业失控。如果内创业公司成长很快,母公司缺乏控制力,可能偏离原来的发展方向,甚至演化为母公司的竞争对手,给母公司带来巨大冲击。主要包括两个方面:一个是业务的冲击,比如,跟母公司在同一产品同一市场中展开面对面的竞争。因为内创业往往是在企业和创业者都熟悉的业务领域进行,所以,其创业项目往往与企业原有主营业务有着千丝万缕的关系,如果不能成为协同关系,就很有可能成为竞争关系。华为孵化的内创业公司——港湾网络,与华为在数据通信产品方面展开激烈竞争就是一个非常典型的例子。港湾网络初期在华为的支持下建立了自己的销售渠道,但因为华为对港湾网络没有任何股权或其他制约手段,导致其逐步演变成了华为的直接竞争对手,在多个领域抢占华为的市场份额,并最终迫使华为以17亿元的高昂代价收购了港湾网络。另一个是人才的冲击。比如,内创业者必然对母公司内部的非创业员工造成心理冲击,结果既可能是正面的"我也要创业",也可能是负面的"羡慕嫉妒恨"。特别是内创业公司的机制远远优于母公司,可能引发员工对于母公司的管理不满,甚至会动摇母公司"军心",如果没有适合的引导,可能影响企业原有业务正常开展,甚至造成员工流失。内创业者及其团队的离开,或内创业公司挖走母公司的核心人才,更会削弱母公司的竞争力。

产生这一失控风险的原因有几方面:首先,母公司没有对内创业的股权和业务范围进行明确的界定;其次,母公司对内创业人员职业道德、个人品质和个性特点没有严格把关与分类,对参与内创业的人员范围也没有清晰界定。最后,创业团队与母公司之间缺乏利益纽带,一些内创业公司在市场上实际形成了放养的状态,也不关心母公司的发展。

为此,需要在不压制内创业公司活力的前提下,进一步强化母公司对内创业公司的控制力。**一是明确股权和业务范围**。母公司应该根据自身战略需要对内创业的发展方向保持一定的可控性,对符合公司战略的内创业公司可通过股权控制或对股权交易年限、交易限制做明确规定。比如松下在支持员工内创业的同时,明确要求在员工创业企业中的股份占比达到 51％ 及以上以保持控制权。还通过协议规定内创业的经营范围,不与母公司的主营业务发生冲突。这样可以保持母公司的主导地位,以防止内创业公司完全独立于母公司之外成为母公司的竞争对手。**二是设立创业事业部。**在母公司内部设置创业事业部,开发资金独立核算,也可作为母公司的供应商进行商业往来。比如,王品集团为了降低失控的风险,每一个新品牌作为一个业务单元而并非独立的法人公司存在,因此其业务发展都牢牢地控制在集团之下,为集团战略服务,实现了业务多元化协同。**三是加强企业文化的引导。**加强母公司文化的引导,让内创业者知道始终是母公司的员工,为自己创造财富,完成人生理想,同时也是回报母公司的一种途径。四是强化内创业团队与母公司的利益捆绑。合理的员工持股计划可以使得内创业者在创业时主动考虑母公司的利益,避免可能的利益冲突。比如,王品集团通过全员持股计划以及即时分享计划,将内创业团队利益与集团公司利益调和,同时及时分享新品牌新门店的盈利,达到了一荣俱荣、一损俱损的效果。

第十一章
国企员工如何从 0 到 1 内创业

国企员工一开始并不是创业者，即便再有创业激情和创新想法，也只是一个菜鸟新手。从一个四平八稳的体制内人员变成一个有激情又专业的内部创客，绝非易事，实际过程要比想象中复杂和困难许多。一名国企的内创业者无限感慨："在公司里创业，让我'重新做了一次人'。"本章就是要告诉国企员工如何从 0 开始一步步内创业，预防应对创业中可能遇到的各种坑，从一个门外汉快速成长为创业达人。

必须关注的六个步骤

国企员工的内创业要经历"创意阶段－孵化阶段－商业化阶段",这是一个标准化流程。现实中,不同国企、不同内创业团队的情况各不相同,有的基础较好,可以省去某些步骤;有的团队则需要从 0 开始。但不管什么情况,有六个关键步骤要引起内创业员工的高度重视。

1.靠谱的创意怎么来

内创业的点子从哪儿来?对国企员工来说,通常有以下几个来源。

(1)工作中发现的新需求。一位在国企从事 10 年保险业务的老员工,发现在整个保险业中存在一个新的细分领域,于是申请通过内创业的方式开发该产品。

(2)存在的产品/技术/工艺漏洞。一位传统制造企业中的员工,发现车间工具和零件摆放混乱,拿用效率低下,于是研发了一款标准化的工具箱,通过内创业的方式推向市场。

(3)手里的科技成果转化。一位汽车国企员工,利用自己团队研发成功的储能新技术,开发出了一套救灾应急电源设备,通过内创业的方式推向市场。

(4)掌握了独特资源。某国企员工顺应国家人工智能战略,利用平常接触人工智能领域前沿技术和大量专家的独特机会,通过内创业方式推出人工智能专业培训课程。

(5)相关管制变化带来的机会。某国企员工利用所在领域管制放松的机会,通过内创业方式推出一款新产品,推向市场。

(6)生活中发现的需求。一位国企科研人员发现自己孩子输液时很容易睡着,输完液还要跑去叫护士,效率低下不便管理,于是研发了输液智能报警装置并推向市场。

(7)自己平常的兴趣爱好。某电信运营商上海分公司的一名女员工自己爱读书,她响应公司双创号召,利用内创业方式运营起全国性的读书会并完全市场化运营。

点子只是一个初步的构想,要把点子变成可落地的创业产品或服务,还要经历漫长的研发应用和推广过程。很多想创业的员工到最后发现,自己当初雄心勃勃的创意点子只是纸上谈兵,无法成为真正的创业项目。

所以,要让创意或灵感成为靠谱的创业项目,必须遵循以下三个原则。

原则 1:从自己熟悉的事开始创业。把自己熟悉的创意或想法变成创业项目,会更得心应手,而不用再从头学习一遍新的技术或模式,成本最低。

原则 2:做一个力求简单的创业项目。不少员工的创意太复杂,想"大而全"地去创业。事实上,最好的创业往往是看上去最简单的项目,一开始就想得太复杂,很容易在具体实施过程中把自己击垮、拖垮。

原则 3:能对接企业资源和业务的创业点子。国企员工的创业想法,如果与企业的业务离得太远,或根本没法利用企业现有资源,那么与外部创业就没有太大区别。

2.进行恰当的市场定位

市场定位回答两个问题:为什么要做这件事?做这件事有什么好处?这两个问题的核心都是要满足需求。

满足需求这四个字看似简单,实则是很多创业者经常会犯的错误,尤其是没有经验的创业者一开始特别善于"把自己说服":认为自己要做的事一定能满足某种需求、市场前景广阔,并用各种数据、推理和预测不断强化证明自己的判断。最后被现实撞得头破血流,曾经认定前景广阔的市场,其实只是自己不切实际想象出来的。

解决以上问题的关键是进行"需求分析＋定位迭代",需求分析用来滤除需求"噪声",定位迭代用来聚焦应用场景。具体要把握五点。

(1)明确创业项目或产品究竟是针对什么需求,toB还是toC,两种需求的满足方式大相径庭。

(2)辨别真伪需求,一定要找到真需求,而不是伪需求。创业者经常会想当然地觉得客户可能需要这个,然后就强加给他。事实上,客户并不一定需要,或者说他需要的不是创业者提供给他的。

(3)发现大规模需求,而不是个别人的小众需求。这用来保证创业项目未来有足够的成长空间。如果是给本企业配套的内创业项目,一定要分析清楚企业未来的需求总量和可持续性。

(4)抓住痛点需求,而不是痒点需求。痛点需求是指大家都认为必须尽快解决的需求,即使条件不允许,往往也会创造条件来解决,而不是可有可无的痒点需求。挖掘痛点需求并转化成可以用创业项目满足的产品,是进行恰当市场定位的关键步骤。

(5)不断聚焦应用场景,不断细化应用人群,做减法,而不是不断扩大应用人群。

有一个简单的标准可以供创业者来判断:如果你一直被市场推着向前走,而不是你推动市场走,就说明市场定位是相对准确的,至少没有出现方向性偏差。

3.撰写打动人的商业计划书

商业计划书(BP:Business Plan)是一个全方位的项目计划,用来告诉投资人和利益相关者你准备如何做这件事,以便判断可行性和未来支持力度。一个完整的商业计划书通常包括项目背景、产品服务、商业模式、运营方案、股权架构、融资计划、团队构成、财务分析、问题困难等。商业计划书的实质是进行概念设计,编制商业计划书的流程和标准并不难,但对国企员工的内创业来说,要注意四个独特之处:

(1)接地气:结合本企业情况或围绕所在行业的实际需求去写,才更吸引人;

（2）真实性：商业计划书切忌写成大而全、看上去很完美的汇报材料，必须实事求是，突出可能遇到的风险和问题；

（3）合理性：商业计划书内容要合理，尤其像初始股权架构的设计要合理，既要兼顾国企和自己团队的利益，又要为未来外部投资人和内部员工的期权激励留够空间；

（4）指向性：内创业商业计划书的一个重要功能是向企业争取资源，因此必须突出创业团队在初始阶段的需求，并明确要获取的资源，最大化获得公司的支持。

4.做好成本预算

国企对控制内创业风险和成本预算有更高的要求，这使得内创业团队在一开始就要做好成本预算：你需要花多少钱，用哪些资源去做这件事？具体来说，做成本预算可以从四个方面考虑：

（1）生命期倒推估算。内创业者要尽可能从整个创业生命周期去估算所需成本，既考虑近期成本，又考虑中期支出。

（2）按极端条件估算。内创业者可以从最大和最小两个极端去估算所需成本，也就是按照上限成本和下限成本去思考并做出成本规划。

(3)按虚实结合估算。国企有丰富的资源,可以在很大程度上节约创业所需的现金投入。内创业团队是否成熟的一个重要标志,是尽可能利用企业资源节约自身现金投入。

(4)按急缓程度估算。先估算紧急和必须完成事项的成本构成,再考虑未来的成本需求。

5.组建靠谱的团队

组织内创业团队的核心是回答需要哪些人配合你一起创业。由于国企的独特性和创业本身的复杂性,内创业团队的组建相较于外部创业更难也更复杂,因为里面牵涉很多利益关系,也受到传统思维和人员能力的束缚。组建一个靠谱的国企内创业团队通常有三个方面要注意。

(1)价值观认同和能力互补是选成员的两大标准。基于这两条标准,国企内创业团队的成员,尤其是合伙人可以来自不同部门甚至不同企业,也可以是以前的同学或好友,成员持有一种共赢的开放心态很有必要。

(2)初期成员可以少而精。一开始至少要配备三类人:技术人员、市场人员、运营人员。其中,市场开拓和业务运营最好找之前有创业经验或相关从业人员,而且最好是全职创业者,一定要避免没有经验的内部关系户插足。

(3)动态性和规范性。跟所有创业团队一样,能陪你走到最后的人,也许不是一开始就加入团队的人。所以,在创业过程中要不断进行团队成员的优化迭代,这其中就涉及一个关键问题:招人和辞人的规范性。一定要避免在这个环节出现不合规和不规范的情况,否则会花费大量时间来协调处理,严重影响创业本身的进程和效率。

6.做周全的风险预控

风险控制是一个贯穿内创业全过程的管理意识和手段,也是国企领导层异常强调和关注的。具体来说,国企员工在内创业的风险预控方面要注重三点。

(1)给风险排序。创业过程会遇到团队、技术、融资、业务方向、行业变化、相关政策、公共关系等多个风险点。内创业团队应该按照风险的大小进行排序,将最紧急和风险后果最大的放在前面,重点预防。

(2)设置止损点。控制风险的关键是设置止损点,一旦风险达到止损点标准,就该立即止损,而不是一味蛮干。不同的风险要设置不同的止损点,具体如何设置,可以借鉴同行经验或根据自己预判设置,其中最重要的止损有三类:一是业务方向止损;二是技术研发止损;三是财务指标止损。

(3)做好相应预案。在触碰止损点后,内创业团队还必须提出相应预案,确定是改变方向,还是彻底关停,还是调整人员。

内创业的三大准备

内创业可以不用离开企业就实现创业梦想,这似乎很吸引人,以至于许多国企员工按捺不住创业激情,争先恐后要搭上内创业这趟车。可是,当他们开始内创业实践时会发现,内创业远非想象的那么简单。究其原因,是他们并没有真正做好内创业的准备。那么内创业开始前,都需要做哪些精心准备呢?

1.心理准备

与外部创业不一样,在国企从事内创业,面临的内外部环境和挑战有很大差异,至少要有四个方面的心理准备。

(1)承受被企业内部阻扰的心理准备。吉福德·平肖在内创业家十诫中的第一诫就写道:"每一天上班都要做好被炒鱿鱼的心理准备。"启动内创业就意味着在一个庞大企业的内部开拓一项新事业,这种事绝对需要强大的胆识和魄力。因为这会触动公司内部现有的组织体系和固化的利益格局,对国有企业内部那些安于现状的人来说,任何改变都可能被视为一种威胁,因而会阻挠新想法的出现。

(2)学习在组织内自立的心理准备。自立意识是国企内创业者最重要的意识,尽管内创业有母体企业作为依靠,但毕竟不同于普通上班族,可以朝九晚五、按部就班。既然选择了内创业,就无法享受这种依赖性。一切都要靠你自己,必须自己制订工作计划,自己决定经营和发展方向,自己决定怎样调配资源,母体企业和其他人只能起辅助作用。

(3)承受巨大压力的心理准备。很多人低估了内创业对人身心的磨砺,内创业的难度和复杂程度一点也不比社会化创业低,创业节奏快、强度大,同样也是一项极耗心智和体能的事业。尽管有母体企业的支持,可能在资源整合方面相对容易,但由于创业本身的高度不确定性,也会经常陷入资金、人事、市场等各种困境和问题。只要有一个问题不解决,一个困境迈不过去,就会面临很大的经营管理压力和风险。

(4)承受失败的心理准备。马云说:"创业前要做好一个心理准备,问自己如果失败了,怎么办? 如果输不起,就不要玩,因为这样的失败对一个初次创业者的打击可能是致命的,可能会影响其一生。"这句话同样适合国企的内创业者。尽管从总体上看内创业可能比外部社会化创业更容易推进,但对于每一个内创业项目而言,失败的概率仍然非常大。只有对可能的失败做好充分的心理准备,才能对即将面临的挫折做出足够的防范。

2.能力准备

一般创业者在开始创业之前,必须具备目标决策、资源整合、任务执行等多方面的管理能力和相关领域的专业能力。国企内创业者由于本身的特殊性,除了一般创业者所需要的共性能力外,还需要有几类不同的能力。

(1)目标协同能力。虽然内创业在业务方向选择上并不一定与母体公司相同或相近,但大部分国企在推进内创业时,都会要求内创业在目标上要与母体公司的目标协调一致。这样内创业就可以嵌入母体公司的战略之中,既有利于促进母体公司的转型发展,也可以让内创业更易于获得母体各方面的支持。因此,内创业者不但要善于设立内创业不同阶段的目标,而且还要在不同时点校正目标,防止内创业过于偏离母体的发展航道。

(2)快速决策能力。创业过程中要验证决策是好是坏,就必须放到现实环境中,得到用户的真实反馈,然后不断迭代,再做出真正合乎用户需要的好产品,而这一切的前提就是"快速决策"。企业界有一个"普希尔定律",认为再好的决策也经不起拖延。凡是行业内的领军者,其领导人往往都具有快速做出一项好决策的能力。快速决策虽然可能会犯错误,但是,拖延做决策的损失要远远大于可能犯错误所带来的损失。国企通常由于体制等因素的制约,决策链条过长,导致决策效率过低,这可能为国企内创业带来隐患。因为内创业毕竟面临的是激烈的外部市场竞争,如果决策效率过低,可能会起个大早、赶个晚集,错失市场机会。因此,为提升内创业项目的市场竞争力,需要从两方面着手:一方面,内创业团队要彻底摆脱原有的工作惯性,快速提高决策效率。另一方面,母体组织需要在决策流程上打破陈规,为内创业团队开绿灯。

(3)内部关系能力。前面章节已经分析过,内创业和社会创业都需要面对外部市场需求和外部市场环境,而内创业者还需要重视企业内部关系。国企内创业面临的是四环生态,面临的内外部关系比其他类型企业的内创业更复杂。在外部,要处理与客户、供应商的关系,这与社会化创业没有什么区别;但是在内部,内创业者要处理的是多层次的复杂关系,包括与母体企业内部的高层管理者的关系、与相关部门之间的关系、与相关子公司之间的关系,以及与母体员工之间的关系。因此,内创业者需要有比较好的关系能力,能与各类主体进行沟通协调,引导其更好地服务和支持内创业。

(4)敢于退出的能力。内创业不仅要有退出机制,也需要内创业者拥有退出的能力。关于内创业的退出有以下几种情形:第一种是内创业公司上市、被并购或成为子公司、事业部后退出;第二种是内创业中途退出;第三种是内创业及时中止退出。前两种情况,主要是主动择机退出,第三种情况更多地是被动退出。对于第三种情况,许多内创业者由于顾及面子,或过于高估自身和母体企业的能力,对内创业风险视而不见,或者对内创业成功的期望值太高,导致内创业不能及时中止,造成更大的沉没成本。因此,对于内创业项目要设立止损点,特别是对于一些明显难以成功的内创业项目,要在止损点到来时敢于及时退出,这既是一种勇气,也是一种能力。

3.资源准备

无论哪类内创业大都是在母体企业的资金、设备、技术、渠道等现成资源基础上进行的,跟社会化创业者去寻找资源相比,利用这些现成资源的门槛低、速度快、效率高。然而,内创业资源并不是自动就有的,这些资源的供给也不是随机的,需要做好充分的准备。主要包括三个方面:

(1)需要建立内创业资源清单。内创业资源包括内创业所需的设备资源、技术资源、数据资源、人力资源、财务资源、渠道资源、客户资源、品牌资源等。

(2)需要建立获取这些资源的渠道。明确哪些资源是依托母体企业可以得到的,哪些需要从外部购买或引进,哪些资源需要内创业团队自己创造。

(3)需要建立适合资源获取机制。从外部获取资源大多以市场化手段获得,如果企业内部没有合适的机制,母体企业各部门的资源未必能够被内创业者利用,相反还可能阻挠内创业的实施。

如何让管理层支持内创业?

外部创业者在决定是否跨出创业第一步时,除了考虑自己创业的渴望是否足够强烈之外,主要考虑的还包括资金、时间、机会成本等。这与内创业者完全不同,因为内创业者最重要的考量标准,是他们在组织里的地位以及各方面的支持程度,其中企业中高层管理者的支持是决定他们能否迈出内创业第一步的关键所在。这里的管理者既包括企业最高决策层,也包括中层管理者,因为很多内创业活动都需要这些管理者的发动和积极支持。

我们之所以特别强调企业中高层管理者的支持,是因为内创业作为一种开拓性的活动,往往没有完善的保护机制,容易引发企业内部非创业员工的非议和阻挠,难以跨部门整合利用企业资源。在这种情况下,只有企业中高层管理者才能迅速地跨部门调动资源、排除异议,支持内创业者走向成功。

不过,在实践中,企业中高层管理者可能并不了解内创业,也可能并非一开始就支持内创业。因此,对于希望在国企从事内创业的员工来说,如何改变中高层管理者的态度,如何影响和说服他们支持内创业就显得尤为重要。通常有几种方法可以运用:

1.推荐内创业书籍

内创业是一种新的经营管理理念和事业模式,很多国企中高层管理者可能根本没有听说过内创业,更不知道内创业具体为何物。甚至有些人误以为内创业就是鼓励员工离职创业。对于这种情况,可以适时给企业中高层管理者推荐相关的内创业书籍,让他们对内创业的概念、模式等有初步的认知,对内创业促进企业管理变革的重要意义有更全面的了解。

2.组织内创业培训研讨

培训研讨是一个更加深入认知和理解内创业的重要途

径。可以在公司中高层管理者参与的培训和研讨课程中嵌入内创业培训模块,或单独开设内创业的培训课程,或围绕企业管理变革的问题组织开展专题研讨。同时,可邀请内创业资深研究专家或其他公司的内创业者来授课。通过多层次的交流互动,让中高层管理者对内创业的作用有更深的认识。

3.推动内创业标杆学习

标杆学习是指企业将自己的产品、生产、服务等与行业内外的标杆企业进行比较,找出差距,借鉴先进经验,从而提高竞争力的方式,其实质是模仿、学习和创新的持续改进过程。标杆学习作为 20 世纪 90 年代风靡世界的管理工具之一,如今仍然广受推崇。在推进内创业过程中,采用标杆学习可以让企业中高层管理者更加直观地了解内创业。许多国企在实践中都采用了内创业的标杆学习方法,也就是以内创业可能遇到的实际问题为载体,以领先企业相同或相似内创业实践为标杆,通过学习借鉴,达到深化认识、借鉴提升的目的。比如,最近几年海尔、大唐电信的内创业做得非常不错,很多国有企业都纷纷去参观学习,这就是内创业标杆学习的典型例子。

4.直接说服管理层支持内创业

当然,前面几种方法都是铺垫,在组织内推动内创业,最管用的就是直接说服管理层。首先,要把握时机,特别是当企业业务转型或管理变革遇到瓶颈,或者发生重大战略调整时,可以利用管理层对创新的渴望来支持你的内创业项目。其次,先易后难,要寻找一位有影响力的支持者,可先从说服某位可能接受你想法的上司开始,再逐步说服和影响其他管理层。最后,实事求是说明内创业项目的核心价值点,包括找出与公司现有业务之间的联系,说明内创业项目是公司现有某种业务的合理延伸,切忌把新业务描述为一种全新的概念。因为过快过多的变革会把管理层吓跑,所以要避免过分夸大、言过其实的表述。

5.从基层开始循序渐进推动内创业

如果直接说服无果,而你又非常希望能开始内创业,那么可以先做起来再说。毕竟,许多重大改革往往先从基层开始,后来才上升为更大范围的实践。员工可以利用业余时间进行新业务的探索,反复验证商业模型。同时,要坚持"干扰最小化原则",不要一开始就要求指派专人协助你开拓新业务,而要做好准备,自己完成大部分的工作。待商业模型逐步成熟后,再说服管理层,把内创业项目纳入公司业务体系。

以上五种方式,其实没有明确的先后顺序,希望从事内创业的企业员工既可以单独采用,也可以综合运用,最终的目的就是让中高层支持员工的内创业。

内创业后有 5 条出路

内创业是高风险活动,既有成功更有失败。内创业者必须从一开始就想好自己可能的退路,做好"风险管理",这对于国企员工来说尤为重要。总的来说,内创业后有 5 条路可选。

1.继续做大

当内创业较为顺利成长,就可以继续做大,其中又分几种情况。

(1)成为企业的独立事业部。相当于孵化成型后又被母体企业收回,完全成为母体企业业务体系内的一部分。所以,内创业与母公司体系之间是双向互通的,这是一种良性关系。

(2)成为子公司。母体公司成为内创业公司的控股股东,内创业公司与母体公司之间有着天然紧密的业务和人员联系,大多数是为母体公司提供配套产品或服务。

(3)独立成立公司。这是指内创业团队脱离母体企业成立独立的公司,母体企业退出全部股份,或只作为参股股东存在。

(4)运营上市或被并购。这是指内创业企业已经做到资本运作的程度,可以通过上市或并购等方式实现退出。很多创业者在实现退出后,会转型成为创业投资人。

2.回原单位工作

当内创业未达到预期目标,并且超过国企给出的创业政策优惠期(一般为 2～5 年)时,员工就要考虑是否回到原单位工作。一般国企会提供三种回归通道:

(1)直接回到原岗位工作,但这种情况并不多见;

(2)参照原岗位安排相应工作,或提供同一级别的工作岗位,但不一定是原岗位;

(3)提供回到原单位工作、重新应聘工作岗位的优先机会。

3.换个方向继续创

这种做法一般发生在原来的创业项目前景不好需要终止,或必须做大的调整转型时。内创业团队仍保有创业热情,同时希望用快速迭代、小步快跑的方式,继续利用企业资源做新的内创业项目。

国企应该鼓励这类连续内创业者,因为创业一次能成功的例子极少,而上一次失败会为内创业的国企员工提供大量宝贵经验,降低再次创业失败的概率。

4.辞职独立创业

不少国企员工在内创业失败后,会对自己的内创业项目仍然保有信心,认为自己的内创业之所以没有成功,是因为国企的各种规章制度限制了自己,或提供的资源并不到位,

因此要跳出去创业。这未尝不是一种好的选择,但有两点需要把握:

(1)处理好与母体公司的股权关系。让母体公司继续持股未见得是件坏事,因为母体公司既可能是未来的资源提供者,也可能是产品/服务采购商,还有可能是战略合作伙伴。

(2)降低辞职创业可能遇到的风险。独立创业没有企业的任何托底,其实是将自己完全推向市场和社会,意味着一种新的生活和工作方式。风险防控不只是为自己,更是为家庭。

5.跳槽到其他企业

有一部分内创业的国企员工,在创业失败后会离开原单位并跳槽到其他企业,而且去向主要是民企。这是一种正常的人员流动,他有可能继续内创业,也有可能选择当职业经理人。但不论做什么选择,内创业的经历都会对其工作提供有价值的经验和帮助。

第十二章
以内创业开启世界级企业新征程

改革是这个时代最伟大的主题,创业是这个时代最激动人心的事业。国企改革需要持续深化,内创业机制也要不断进化,两者叠加放大正在迸发出无限的创造活力,一个中国缔造更多世界级企业的机会正在来临。

政府之手：从理念倡导到精准施策

很多人认为，内创业是企业自己的事，政府不应该也没必要插手，特别是国企内创业，由于拥有比其他类型企业更丰富的资源，也不需要政府的支持。这些论点表面上看起来似乎有些道理，但实则不然。我们认为，一方面，对于国企而言，内创业已经不是一般的创业活动，而是中国国企改革和转型的新突破口，需要自上而下设计与自下而上实践相互结合、共同推动；另一方面，目前制约国企内创业的最大问题并不是资源问题，而是体制机制问题。那么，到底是哪方面的体制机制会影响国企内创业呢？从内部看，涉及国企的运营模式和管理制度，相关内容已在前面几章进行了探讨；从外部看，更多涉及政府的制度安排和政策设计。因此，政府支持国企内创业不是可有可无的选项，而是深化国企改革的必然要求。

政府支持内创业通常可分为三个阶段：一是自主探索阶

段,即企业根据转型发展需要自己发起推动内创业,政府只是充当一个倡导者的角色;二是政府积极培育阶段,政府部门制定相关政策为内创业者提供政策指导和资金引导;三是政府全面支持阶段,政府各部门通过政策、资金、教育培育等为内创业者创造良好生态。

从目前我国国企开展内创业的情况来看,总体上还处于自主探索阶段,在思想观念、机制设计、政策安排等方面存在许多不足。政府部门的认知仍停留在推动个人创业阶段,对内创业的战略价值缺乏充分认知,还没有把内创业作为国企转型升级的重要抓手。国企内创业还是以内部资源为主,与社会化创业缺乏很好的融合,对产业链上下游中小微企业创业的引领带动作用也不够。国有企业开展内创业前期需要一定的资金投入,而产出存在许多不确定性,这与现有的国有企业考核体系存在冲突。各层面围绕创业出台的政策不少,但针对内创业的政策不足,落实效果不明显。

当前,国家正在大力推动双创升级版,为国企广泛开展内创业提供了重要机会。2018 年 9 月,国务院关于推动创新创业高质量发展打造"双创"升级的意见明确提出,鼓励大中型企业开展内创业,鼓励有条件的企业依法合规发起或参与设立公益性创业基金,鼓励企业参股、投资内创业项目。鼓励国有企业探索以子公司等形式设立创新创业平台,促进混合所有制改革与创新创业深度融合。这一重要政策导向,为国企内创业发展提供重大契机,政府国资管理部门可以顺势而动,从理念倡导到精准施策,把国企内创业推向新的高度。

一是确立内创业作为"双创"升级版的重点方向。在"双创"初期,社会化创业风起云涌,内创业只是少数企业在探索实践,既没有得到广泛的关注,也没有明确的政策支持。在"双创"升级的战略布局中,我们深刻领会党中央国务院关于"双创"系列政策文件精神,借鉴国内外先进经验,全面拓展"双创"的广度深度,在社会化创业基础上重点推进内创业,特别是国企内创业。鼓励各地方研究出台关于大力推进国企内创业、促进双创升级的指导意见,把内创业作为引导国有企业改革向纵深发展的关键性举措,作为深化双创的重点内容,以国企内创业带动社会化创业,实现国企内创业与社会化创业的融通发展。

二是组织开展国企内创业试点示范。由于内创业是新理念、新模式,企业要短时间快速接受并实践需要一定时间,通过试点示范、积累经验,然后再推而广之是一个重要路径。

建议在产业基础好、转型升级迫切或发展潜力大的行业，选择一批创新创业基础较好的国有企业，在内创业项目选择、内创业激励机制、知识产权管理、汇聚整合创业资源、内创业生态营造等方面进行试点示范，加强国企内创业规划引导，组织开展国企内创业专门辅导，探索形成可复制、可推广的模式和经验。

三是创新国企内创业的资金支持方式。内创业不仅需要国企自身的资金支持，也需要引入包括政府资金在内的外部资金。特别是政府资金对于内创业的起步发展非常重要，一方面可以起到天使基金的培育孵化作用，另一方面也可发挥对国企内创业的引导带动作用。建议设立国企内创业基金，专门支持具有发展潜力的国企内创业项目。创新财政资金使用方式，变一次性拨款为股权化投资。对内创业项目，允许国有企业投入一定比例的引导资金或扶持资金，与发起人、核心技术团队、社会资金形成利益共享、风险共担的共同体。政府基金可按一定比例参股到企业基金。鼓励小额担保贷款、资金补贴等方式支持内创业，引导社会各类创业投资基金支持内创业发展，形成多元化、多渠道的内创业资金支持机制。研究改进创业投资企业国有资产监管制度，这一制度既要遵循企业国有资产监管制度的一般要求和规定,同时又要符合创业投资的特点。

四是健全国企内创业的政策支持体系。国企内创业的支持政策需要精准设计,不仅需要人才、财税等方面的基础性政策支持,也需要考核评价、知识产权、国资管理等针对性政策支持。建议将内创业人才作为一类新型人才,纳入相关人才计划予以支持。对于开展内创业的企业和科研机构,在土地、财税、人才引进等方面给予政策优惠。通过创新券、后补助等方式对内创业者购买创新服务、开展技术合作给予支持。建立内创业项目库,动态跟踪内创业进展情况,为内创业提供及时公共服务。建立科学的国企绩效评价体系和考核机制,鼓励国有企业在内创业中发挥更大作用,开发更多具有自主知识产权的科技成果;在确保国有利益的前提下,进一步授予国有企事业单位科技成果处置权,使其可以自主决定成果转让、评估、投资、入股,以提高双创成果转化率。

五是健全国企内创业教育培训体系。内创业需要综合素质高的人才,目前,制约国企内创业的最大瓶颈还是在人才上。建议在全国范围内启动实施国企内创业教育工程,组织编写国企内创业培训教材,组建国企内创业师资队伍,重点针对企业一把手和企业骨干进行分期分批开展内创业教育培训，全面普及创业理念和知识，传授内创业实施的方式方法，为国企内创业的应用推广奠定基础。开展标杆学习，总结推广海尔、中科院西安光机所等优秀的内创业模式和做法。

发展趋势：从自由生长到必然之路

在我国国有企业的改革发展历程中，如何平衡国家利益和个体利益始终是一个难题。鉴于国企的特殊性，国企的价值取向并不是简单的利益最大化，而是在维持经济效益的基础上，承担公有制经济的社会责任，这使得国企管理具有高度的复杂性。然而，随着市场经济的深入发展、全球化浪潮的兴起和移动互联时代的到来，人才的自主能动性逐渐觉醒，每个人开始更加注重个体价值，每个人也有更多创造价值的舞台和机会。这些新形势使得国企改革很容易陷入进退两难的境地，而内创业的出现使国企在国家利益和个人价值之间不仅找到了平衡点,而且放大了彼此的价值。内创业作为国企转型与个人发挥价值的创新实践也将呈现新的趋势。

一是内创业将从少数领军企业的探索实践拓展为大多数国企转型的选择。目前,尽管不少国企已经开始了内创业的探索,有些国企已经尝到了甜头,但总体上还属于少数派。我国国有企业虽然从数量上比民营企业少很多,但也有近20万家,而且几乎存在于所有行业。当前,我国经济运行中存在资源配置效率不高、产能过剩、库存压力加大等突出问题,虽然这与企业所有制性质并无多大关联;(无论是国有企业还是民营企业都存在这些问题,都面临着转型升级的挑战),但总体上,国有企业作为国民经济发展的中坚力量,一方面面临更大的转型压力,另一方面也应在供给侧结构性改革中发挥带头作用。可以预见,随着经济转型升级加速,内创业将成为越来越多国企的创新实践选择。

二是国企内创业将从资源依赖型转向技术驱动型。国有企业最大的优势是丰富的资源,许多国企的内创业起步也是从利用国企内部资源开始,包括财务资源、设备资源、市场资源、客户资源、品牌资源等。面向未来,无论从国企自身转型升级的迫切需求出发,还是从内创业健康成长的需要出发,技术驱动型内创业都是大势所趋。这种内创业不仅能产生创新成果,对接市场需求,而且可以反过来为母公司提供新的技术源。比如,宝武钢铁集团大力推动技术驱动型内创业,建立了新材料专业化众创空间,专注于新材料及智能制造、绿色制造等科技领域,依托宝武中央研究院研发资源,建立了新材料、储能、智慧制造等三大技术资源共享平台,为企业提供从实验研究、中试到生产所需的研发设计、检验检测认证、科技咨询、技术标准、知识产权、成果转化等服务;通过"互联网+创新"众研平台发布集团创新需求并向全球征集技术解决方案。目前,众创空间入孵项目中三分之二以上项目与宝武有技术交流,三分之一以上项目与宝武建立合作关系,有二十多项新技术或新产品应用于宝武生产线。

三是国企内创业将从内部为主到内外融通转变。目前,国有企业内创业大多是内部人员推动,依托的也是内部资源。随着国企不断成长壮大,以及社会化创业带来的外部创业资源日益丰富,将进一步拓展国企内创业的内涵和空间。国企内创业将走出企业内部人员依靠内部资源创业的初级阶段,进入内外融通、互动发展的新阶段。外部资源的引入既是以市场化机制检验内创业成果的一种方式,又可以为内创业输入新的管理理念和更多的资本。依托国有企业特别是大型国企的人才、技术、品牌、市场等优势资源搭建的创业平台,比一般企业更能够吸引外部创业者。比如,中国电信正在推进内外部创业的融合,打造具有运营商产业背景的生态型孵化基地,一方面创业企业可以充分运用运营商的品牌资源、网络资源、客户资源、渠道和数据资源;另一方面也充分调动和引入外部创业资源。中科芯集成电路公司建设了集成电路专业化众创空间,转变外包服务模式为联合研发模式,将技术合作伙伴资源引入创新创业平台,使创业项目和外部合作伙伴形成良性互动关系。

四是国企内创业将从单兵突进向生态化体系转型。尽管国企内创业可以依托母体资源,但由于内创业具有很大的特殊性,再加上内创业经验积累不够、专业化人才缺乏,许多国企内创业活动仍然是摸着石头过河,发展模式相对较为粗放。未来,国企内创业将进入精耕细作阶段。首先,内创业团队将更加专业化职业化。随着内创业活动的深入开展,国有企业中的内创业家快速成长,创业经验和知识不断拓展,内创业能力也将持续提升。同时,国企中高层管理者对内创业的认识将不断深化,对内创业的推动和支持力度也会加强。其次,内创业服务将更加专业化、多元化。越来越多的大型国有企业将通过自建服务平台为内创业团队提供各类服务。比如,大唐网络有限公司发挥无线移动通信、集成电路、信息安全等信息通信领域产业优势,聚焦资源型垂直细分领域,构成了以技术孵化为核心,以投融资服务、实体园区创业服务为配套的"一体两翼"孵化模式,通过服务为创业者赋能。此外,针对国企内创业的创投服务、人才服务等第三方服务机构将会快速成长。未来的国企内创业将不再是少数几家的单兵突进,而是形成更加完善的内创业生态,政府、企业、社会服务机构共同推动国企业内创业的快速成长。

未来愿景:从世界级规模到世界级竞争力

近年来,我国国企规模不断发展壮大,在世界 500 强中,国有企业的身影越来越多。2018 年 7 月 19 日,最新《财富》世界 500 强排行榜发布。在上榜公司数量方面,美国公司

126 家,继续位居第一;中国公司达到 120 家,其中国有企业 83 家,由国务院国资委监管的中央企业 48 家。

毋庸置疑,我国有相当多的国有企业已经具有世界级的规模。但进一步分析,我们知道《财富》世界 500 强榜单是按销售收入排名的,虽然号称 500 强但更像 500 大,而且我国上榜国企主要集中在提供资金、能源、原材料等生产要素的行业。从盈利能力看,我国上榜企业的平均总资产收益率远低于美国企业的平均总资产收益率,甚至部分上榜的中国企业盈利为负。从高市值企业看,中国企业如工商银行、中石油等都是资源型企业,而美国最大市值的企业则是苹果、谷歌、微软等创新型企业。因此,我国国企真实情况仍然是大而不强。

面向未来,我国国有企业的路应该怎么走?党的十九大报告明确指出,要深化国有企业改革,培育具有全球竞争力的世界一流企业。这是我国国有企业发展的重要方向和目标。那么,什么是具有全球竞争力的世界一流企业?我国国有企业又如何实现从世界级规模向世界级竞争力的跨越,成为世界一流企业呢?

学术界和企业界普遍认为,世界一流企业是在特定的行业或业务领域能够持续形成和保持全球市场竞争力、行业领导力和社会影响力,并获得广泛认可的国际化企业。要建成世界一流企业,既有外部因素的影响,也与内部因素密切相关。外部因素主要在宏观环境和制度层面上,既包括相对稳定安全的国内外宏观经济政治环境,也包括市场导向的资源体系、金融体系、政策体系,等等;内部因素则在于国有企业微观基础的重塑,既包括人、财、物、信息等内部资源的持续积累,也包括企业内部精气神的激发,其中,最为关键的就是充分激发广泛的企业家精神,全面增强企业的创新能力。因为,企业家精神不仅能塑造国企活力,也能实现资源重新配置,是国企微观基础重塑的核心。实质上,世界一流企业的成长过程,就是不断激发企业家精神,不断推动技术创新、商业模式创新,整合利用上下游产业链资源,拓展最有规模和盈利能力的产业的过程。内创业不仅可以满足内部员工的创业欲望,同时能够激发内部创新活力,是大企业激发企业家精神的最有效机制之一。从20世纪80年代末开始,全球许多著名大公司纷纷开始推动内创业,其共同特点就是采取创造性行动来培育企业的创业精神,恢复小企业般的活力和柔性,增强企业创新能力。比如3M、谷歌、苹果、杜邦等公司都已经积极引入了内创业机制,这已经被证明是一条激发企业活力、提升企业竞争力的可行路径。

当前,国有企业面向转型发展的新形势。一方面,新一轮科技革命和产业变革加速演进,新技术、新业态不断涌现,创新范式、产业发展范式正在发生深刻变化,网络化、平台化、生态化成为重要方向,渗透性、颠覆性成为重要特征。无论是大型国企,还是中小型国企,都面临着市场竞争格局重新调整、传统市场位势弱化的挑战,也面临着培育新兴业务、整合新资源的重大机遇。另一方面,全球单边主义和贸易保护主义正在抬头,企业国际化面临许多新问题、新障碍,国有企业向外拓展资源和市场的战略将受到巨大挑战。同时,国内经济下行压力加大,实现高质量发展的任务十分艰巨,国有企业在这一进程中肩负着更大的责任。

对于国有企业而言,通过持续推动内创业,建设充满活力的创业型组织,是应对新形势、加快培育成为世界一流企业的一条重要路径。首先,通过内创业以更有效地盘活国企内外部资源,不断拓展国企的资源边界,进一步提升资源利用效率,将为国企成为世界一流企业奠定资源基础。其次,通过内创业活动的持续开展,可以培育壮大内创业家群体,全方位提升员工的素质和能力,将为国企成为世界一流企业奠定人力资本基础。再次,通过内创业,可以创造更多的新技术、新产品、新服务和新模式,提高企业顺应内外部环境变化的动态能力,将为国企成为世界一流企业奠定业务和能力基础。最后,通过内创业,可以对整个企业的创新观念、创新氛围的形成和创新精神的培养产生积极的影响,带动企业整体的创新行为,将为国企成为世界一流企业提供重要的动力支持。

总之,内创业的蓬勃兴起,为国有企业实现变革突破、华丽转身提供了难得一遇的机会。谁能持续推动创新创业、大规模植入创新要素,谁就能获得成长为世界级企业的战略契机。自国际金融危机以来,越来越多的国有企业逆流而上,敢于创新创造,日益展现出自身的优越性,成为许多细分行业的领头羊。我们相信,随着内创业的广泛开展,中国将会成长起一批富有创业精神的国有企业家,成长起一批具有强大活力的国有企业,为我国经济繁荣发展、民生福祉和国家安全作出更大贡献,中国也必将进入一个创新引领发展的高质量发展时代。

参考文献

1.[美]吉福德·平肖、[美]罗恩·佩尔曼:《激活创新:内创业在行动》,中国财经出版社 2006 年版。

2.[美]吉福德·平肖:《创新者与企业革命》,中国展望出版社 1986 年版。

3.[美]彼得·德鲁克:《创新与企业家精神》,机械工业出版社 2012 年版。

4.[日]河濑诚:《在公司内创业:新业务开发启蒙手册》,清华大学出版社 2018 年版。

5.蔺雷、吴家喜:《第四次创业浪潮》,中信出版社 2016 年版。

6.蔺雷、吴家喜:《内创业革命》,机械工业出版社 2017

年版。

7.蔺雷、吴家喜:《内创业手册》,机械工业出版社 2018 年版。

8.吴贵生等:《自主创新战略与国际竞争力研究》,科学出版社 2011 年版。

9.邵宁:《国有企业改革实录(1998—2008)》,经济科学出版社 2014 年版。

10.国务院国资委新闻中心《国资报告》杂志社:《国企改革 12 样本》,中国经济出版社 2016 年版。

11.任荣伟:《内创业战略》,清华大学出版社 2014 年版。

12.宗毅、小泽:《裂变式创业:无边界组织的失控实践》,机械工业出版社 2015 年版。

13.张采名、蔡余杰:《内创业:传统企业的组织裂变、模式升级与管理变革》,中国铁道出版社 2016 年版。

14.施能自、吴芙蓉:《新一轮国企改革的思考与操作实务》,中国经济出版社 2017 年版。

15.国务院国资委改革办:《国企改革探索与实践》,中国经济出版社 2018 年版。

16.张晖明等:《国企改革:难点突破与路径选择》,格致出版社 2018 年版。

17.[美]史蒂文·霍夫曼:《让大象飞:激进创新,让你一飞冲天的创业术》,中信出版社 2017 年版。

18.刘小鲁、聂辉华:《国企混合所有制改革:怎么混? 混得怎么样?》,中国社会科学出版社 2016 年版。

19.徐传谌等:《新时代深化国有企业改革重大理论与实践专题研究报告》,经济科学出版社 2017 年版。

20.国务院:《关于推动创新创业高质量发展打造"双创"升级版的意见》2018 年 9 月 26 日。

21.孙方、李维安:《国有企业改革 40 年回顾与展望》,《现代国企研究》2018 年第 7 期。

22.黄群慧:《"新国企"是怎样炼成的——中国国有企业改革 40 年回顾》,《中国经济学人(英文版)》2018 年第 1 期。

23.孙琳:《国企改革与"双创融合":"大创新"与"小创新"齐头并进》,《人民政协报》2016 年 3 月 1 日。

24.王德禄:《国企企业创办孵化器——国企改革新的实践与理论探索》,《长城企业战略研究所企业研究报告》第 110 期。

25.宋志平:《问道改革》,中国财富出版社 2018 年版。

26.苗莉、李杉杉、贾树良:《企业内创业:国有企业可持续成长的新思路》,《东北财经大学学报》2001年第6期。

27.孙连才:《以公司创业激发国企创新》,《现代国企研究》2016年第7期。

28.单庆明:《国企员工持股的困境与对策》,《企业改革与管理》2016年第6期。

29.师建霞:《员工内创业风险控制研究》,硕士学位论文,郑州大学,2011年。

30.武勇:《公司内创业者及内部影响因素研究》,博士学位论文,武汉大学,2011年。

31.丁飞:《大型企业全员内创业理论研究》,硕士学位论文,中国海洋大学,2014年。

32.《国企如何孵化创业和创新——以海油信科初探"双创"激励机制为样本》,《中国海洋石油报》2006年7月8日。

33.何志聪等:《企业成长与公司创业精神的培育》,《科研管理》2005年第5期。

34.马一德等:《公司内创业:困境以及摆脱困境的组织因素》,《山西财经大学学报》2007年第11期。

35.马晓龙:《内创业家的激励和发现》,《企业改革与管理》2013 年第 9 期。

36.苗莉:《基于企业内创业的企业持续成长研究》,《财经问题研究》2005 年第 2 期。

37.曲琳:《中国电信尖刀连:内创业的挑战与动力》,《创业邦》2015 年第 3 期。

38.孙易:《内创业:企业组织结构变革》,《决策》2015 年第 11 期。

39.王澜:《转型创业:传统企业转型的现实出路》,《企业管理》2016 年第 8 期。

40.余红胜:《大企业"内创业型"投资模式的战略价值》,《产权导刊》2007 年第 2 期。

后　记

来自实践的力量

2017 年,我在给一个汽车行业的国企高级研修班讲内创业时,一位领导问道:"内创业是个好东西,但国家有红头文件吗? 没有文件我们不敢干啊!"这位国企领导所代表的,不是他自己,而是被老观念束缚的一批国企领导。

事实上,在没有红头文件之前,已经有不少国企领导敢为人先,以各种方式推动内创业。2012 年,时任中国电信一把手的王晓初就在集团内部正式启动了员工创业计划,并成立了天翼科技创业投资有限公司。然而,当时媒体和业内一片质疑声——虽然每个人都知道"不要与趋势为敌"这句话,但每当新生事物出现、新的趋势凸显,总是会不自觉地去质疑和抵触。

历史的车轮不会停下脚步。国企的内创业作为一个大趋势,不仅没有在质疑声中放慢脚步,而是在神州大地遍地开花。2015 年,王晓初离开电信赴任中国联通董事长,又推出了"沃创客"计划。从 2017 年开始,我们实地走访调研了近百家从事内创业的企业,发现其中相当大比例的企业是国有企业:既有传统制造业国企(如中信重工、中船重工),也有军工国企(如航天科工集团);既有高科技国企(如海康威视、华工科技),也有混改试点国企(如大唐网络);既有巨型央企(如华润集团、中信集团),也有规模稍小的国企(如三环锻造),并由此滋生出了一大批服务于国企内创业的孵化器和专业化机构。

这些活生生、热腾腾的国企内创业实践,大大出乎我们的意料。因为在人们的传统印象里,内创业这样"时髦"的名词和理念,主要是在高科技互联网企业以及一些领先的民营企业中出现,国企受体制机制的约束难以实施。这不禁让我们思考和探究,为什么国企的内创业之火越烧越旺?

当下正值国企改革攻坚阶段,而国有企业改革一直是中国特色的世界难题,没有任何一个国家的经验可以借鉴。国企改革的传统方式,比如兼并重组、引入民间战略投资者等,虽然证明在短期内有效,但不能解决一个核心问题:如何从根本上激发微观主体活力,说白了就是如何真正激发国企内部员工的积极性和创造性。

内创业恰恰是在这样一种背景下出现的——不同国企虽然玩法不同、模式各异,但都找到了用内创业激发员工的积极性和创造性这样一种新方式。正是来自国企自身的实践,为自己摸索出了一条解决之路,一如当年小岗村农民在按下 18 个鲜红手印后找到联产承包责任制来激发生产积极性。

与国企内创业实践完美呼应的,是 2018 年 9 月 26 日国务院发布了《关于推动创新创业高质量发展打造"双创"升级版的意见》,第二十条明确指出"鼓励大中型企业开展内创业",从国家政策层面对内创业给予肯定。这不仅是对过往国企内创业实践的认同,更吹响了今后用内创业推动国企混合所有制改革、激发内部员工活力的嘹亮号角。此后,国企领导们不用再彷徨观望,而是更应该思考怎样让内创业在自己的企业中实施落地。

正如内创业本身来自国企实践的探索,我们两位作者对国企内创业的研究同样遵循了"从实践中来,到实践中去"的路线:发现国企问题,寻找最佳实践,再系统提炼出可供普遍推广的国企内创业理念、模式和方法。

所以,不得不说,正是一股不可抗拒的伟大实践力量推动了本书的诞生。

一个偶然的机会,我们与人民出版社结缘。经过与新学科分社负责人的前期沟通,他们认为内创业是国企混合所有制改革的一种有效方式,是激发员工活力的可行之举,值得总结现有经验、提炼运行模式并在国企中广为推广。这也让我们眼前一亮——为了将内创业理念推向全国,我们之前已经连续出了《内创业革命》和《内创业手册》两本书,却没有专门针对某一类特定企业的内创业写过书。《激活国企——内创业方案》为我们提供了一个极好的研究中国问题的切入点,让我们有机会深入国企内部进行纵深观察和全景刻画。国有企业是国民经济的中坚力量,国企改革与内创业的结合,恰恰能让国企改革找到一个新的突破口,让来自实践的理论再反哺到实践中去,用新知推动国企发展。

回头看看,这本书能出版并非我们的功劳,而是众人的相扶相持成就了它。

我们要感谢中国企业家,尤其是那些向我们开放调研的国有企业领导,你们大胆试错、领先一步的实践,是这本书能够诞生的根基,限于篇幅所限相关企业名称不一一列出,恳请谅解。

我们还查阅了大量资料,参考了很多同仁、学者、企业家和媒体的文章与观点,限于篇幅所限不一一致谢。[①]

实践,让人们找到突破国企改革关键瓶颈"个体活力"的内创业之匙;实践,让我们有机会将繁杂的内创业活动提升为理论、模型和方法并推广实施;实践,又让内创业本身在实践中不断得以丰富。这股来自实践的伟大力量,正是中国创新创业最大的源泉。

让我们敬畏实践、贡献实践,与实践为伍,与新时代同行!

葡 雷

2019.1.3 于北京

[①] 本书采用了大量我们实地调研过的案例企业和受访者的一手资料和信息,感谢允许我们在公开出版物中使用;本书同时还引用了诸多二手资料(研究报告、公开报道、企业官网信息等)。若相关信息有疏漏,由作者负责。